ちくま学芸文庫

ペルシャの神話

岡田恵美子

JN091231

筑摩書房

目次

はじめに――イラン人の心を読む　009

I　天地創造の神話

宇宙のはじまり　029
天地創造の時代　031
光と闇の戦い　035

II　国造りの神話

カユーマルスからジャムシード王まで　043
ジャムシード王のうぬぼれ　048
蛇の王ザッハーク　050

III　邪悪の蛇王

ザッハークの夢　057
ファリードゥーンの誕生　062

かじ屋のカーヴェ 067
牛頭の矛 072
ザッハークとの戦い 076

Ⅳ 善き王ファリードゥーン

ファリードゥーン王 083
三人の王子 086
イエメン王の婿選び 093
国分け 097
兄弟のいさかい 100
非業の死 106
イーラジの孫マヌーチェフル 113
復讐 119
老王の悲しみ 123

V　英雄時代
一　霊鳥に育てられた幼な児　129
二　英雄の恋　145
三　ロスタム武勇伝　184
四　父と子の戦い　205
おわりに　239
文庫版あとがき　243
解説　ペルシャ神話の多彩な世界（沓掛良彦）　249

ペルシャの神話

はじめに――イラン人の心を読む

日本とイラン

日本には「母なる大地」「母の慈《いつく》しみにも似た陽《ひ》の光」ということばがあります。私たちの国日本の豊かな大地は、ごく寒い時期を除けば、まいた種は二、三日で、あるいは十日もすれば小さな芽を出します。勤勉な日本人は、昔から芽の出た植物を育て実らせて、やがてくる収穫のときを楽しみに水をやり、草を除いてやります。

古くペルシャと称したイランの国には、「大地――この残酷なるもの」「戦士の刃《やいば》のような陽の光」ということばがあります。乾燥した、塩分のある砂漠には種をまいても何ひとつ生《は》えてきません。イラン人にとって大地とは、心豊かな母どころか、私たちが死に、身を横たえるのを待っている残酷なものと映ります。陽の光、これもさんさんと降り注ぐ愛ではありません。鋭く人間に戦いを挑んでくる刃なのです。

もちろん、日本の国土のすべてが豊かでないのと同様に、イランの中にも実り豊か

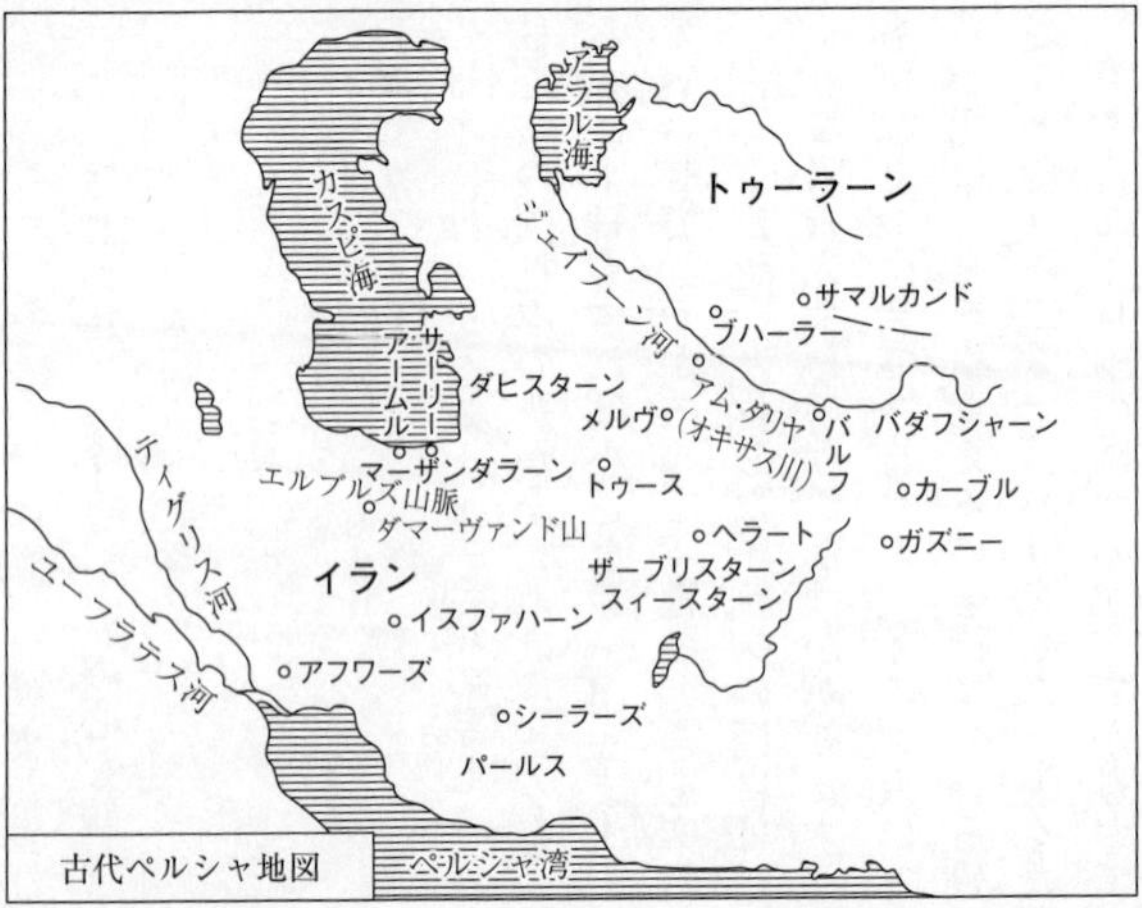

古代ペルシャ地図

な地もごくわずかはありますし、刃のような陽に耐える術《すべ》も、イラン人はじゅうぶん心得ています。

しかし、こういった自然条件のちがいをまず頭に入れておかないと、ペルシャ神話の表現が、私たち日本人にはあまりにも強烈に、時には奇妙にさえ感じられるにちがいありません。イランの自然は日本人には想像もつかないほど厳しいものです。

私たちが毎日身に受けている陽の光、ふり仰ぐ空の色、木の葉を舞わせる風の音、そういったものが何百年何千年の年月を経ると、それほど私たちのことばに、動作に、心に影響するものなのでしょうか。

私たちは日ごろは気にとめないそのようなことも頭において、ペルシャの神話の扉を開いてみたいと思います。神話はその国の宗教であり、哲学であり、文学でもあります。そして何より、その国の人びとの魂そのものだからです。

なお、ここで使われるペルシャとイランの名称ですが、ごく簡単にいえば、最初は、イラン人の国、イラン人、イラン語といった表現が使われていました。

それが紀元前五五〇年以降、ペルシャ帝国、ペルシャ人、ペルシャ語と称するようになり、一九三五年以降、国号をイラン、民族をイラン人、言語をペルシャ語と称するようになりました。

「イラン」とは、アーリア人種を意味するアーリアンの変形したもの、「ペルシャ」は、イラン南部のファールス地方の意味をもっています。ですから厳密にいえばイランの方がペルシャより広い意味を持つことになります。

しかし、一般的には、ことに外国の文化として考える場合、イランもペルシャも同じことですが、文化や文学を指す場合はペルシャの名称を使いますので、本書ではペルシャ神話という名称を用いました。

「天地創造」

毎年三月二十一日、春分の日が近づくと、イランでは町中がいっせいににぎわいだします。きわめて正確に、その年の、地球が太陽の周囲を回転し終わった時――イラン人は春分点が羊座に入った時といいますが――この時を、ノウ・ルーズ（新年）と呼んで祝います。たとえば一九八一年は、三月二十一日二時二十五分三十六秒が新年でした。

ですから新年になる瞬間は毎年ほぼ六時間ずつちがい、真夜中であったり昼であったりするのですが、前もって新聞やラジオで、

「今年の新年は三月二十日十九時三分二十六秒に明けます」

と報道されるのも、日ごろ時間の約束を守らないイランにしてはほほえましい光景です。

新年は神話の中のジャムシード王の定めたものとされています。イランの家庭では、新年にはいくつかのきまった飾り物をしますが、ちょうど日本の門松やお供えのように、ほとんどが健康、豊穣に関係するものです。

たとえばペルシャ語で七つのS音のつく物――小麦胚芽《サマヌー》・りんご《スィーブ》・香料のスーマック《ソマーグ》・なかまど《サンジェド》・酢《セルケ》・にんにく《スィール》・麦苗《サブゼ》などは七S《ハフトスイーン》と呼ばれ、新年には欠かせない

飾り物です。小麦胚芽は粉のまま、スーマック、ななかまどは実を、また麦苗は、二週間ほどまえから種麦を水につけて準備し、新年にはちょうど十センチメートルほどに伸びた苗にリボンをかけて飾ります。

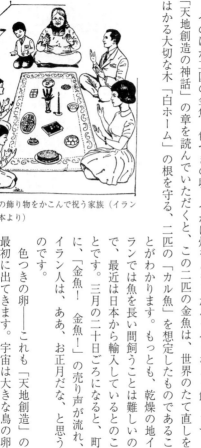

　そのほか二匹の金魚、色つきの卵、それに灯《ひ》をともしたろうそくなども飾ります。「天地創造の神話」の章を読んでいただくと、この二匹の金魚は、世界のたて直しをはかる大切な木「白ホーム」の根を守る、二匹の「カル魚」を想定したものであることがわかります。もっとも、乾燥の地イランでは魚を長い間飼うことは難しいので、最近は日本から輸入しているとのことです。三月の二十日ごろになると、町に、「金魚！　金魚！」の売り声が流れ、イラン人は、ああ、お正月だな、と思うのです。

新年の飾り物をかこんで祝う家族（イランの絵本より）

　色つきの卵——これも「天地創造」の最初に出てきます。宇宙は大きな鳥の卵の形をしていた、という古代イラン人の

正倉院の羊木﨟纈の屏風（部分）

考え方を表しています。その卵の形をしている宇宙が、大きな牛の角《つの》の間に置かれ、一年ごとに回転している——そんな考え方もあるそうです。

　さて宇宙は、最初色も形もなく、微粒子のような霧か霊のようなものが満ち満ちた卵形のものであったのですから、イラン人は新年に飾る卵には決してはっきりした色をつけません。布にさまざまな絵の具を塗り、その布で卵を包みます。するとさまざまな色が層を成し、あるいはまざり合って卵の殻を染めあげるのです。イランの人びとはこの彩りの卵から、古代人が考えたような混沌の宇宙を想像しているのでしょうか。

　古くからあるイランのお祭りには、新年のほかに、本文に出てくるサデの祭り、日本とほぼ同じ時期の冬至祭り、年末に火を焚《た》く赤い水曜祭りなどがありますが、どのお祭りにも灯をともさないことはありません。

お祭り好きのイラン人がろうそくに灯をともすのは、光の神アフラ・マズダー神をたたえるためです。私たちには縁遠いようなこのアフラ・マズダーという名は、はるか日本に伝わってきて「マツダ」ランプという名で日本の家庭の夜を照らしています。光と闇、白と黒、健康と病気、善と悪――イラン人は光の清らかさ、美しさにくらべ、闇の恐ろしさを強調します。私たち日本人は強い光をそれほど意識しないと同時に、闇の恐ろしさもイラン人ほど強く感じません。自然環境のちがいが、そこに住む人びとの光や闇に対する感覚を別のものにしてしまうのです。

イラン人が考えるように、つねに物事の両極端を対比させる考え方を、二元論とか善悪二元論といいますが、この考え方は古代イランの宗教であったゾロアスター教（拝火教）の基本的な考え方でもありました。これからペルシャの神話を読んでいく私たちは、たびたび「ああ、これが二元論か……」と思いあたることになるでしょう。

ペルシャ文化が日本に渡ってきたことを表すものとして、正倉院御物《ぎょぶつ》がその例にあげられます。そのなかに、羊木臈纈《ひつじきろうけち》という屏風《びょうぶ》があります。「白ホーム」らしい霊木を右手に、中央には大きく角をまるめた羊を描いたものです。木の根もとは大蛙の足をあらわす形、そして二匹の「カル魚」らしいものもみえます。羊は明らかに春分から始まる羊座を意味しているといわれています。この屏風は、まさにペルシャ神話の天地創造そのものではありませんか。

『王書』と「ジャムの酒杯」

ペルシャの神話は、ゾロアスター教の神話や伝説、または中世ペルシャ語による伝承をもとにしたと考えられる部分と、十世紀から十一世紀にかけて書かれた叙事詩『王書』による部分とがあります。

『王書』はペルシャ叙事詩人フェルドウスィー（九三四〜一〇二五年）がほぼ三十年かけて綴《つづ》ったイラン建国叙事詩で、その一部が本書にご紹介するペルシャ神話です。しかし、『王書』には天地創造の部分はなく、第一代の王カユーマルスから始まります。

原始人間カユーマルス（『王書』では初代の王）の命がつきたとき、そこからリーバース（大黄草《だいおうそう》）という草が芽生えたというのは、ゾロアスター教の伝説によるものです。この草の二本がたがいにからみあって芽生え、やがて男女の形となったというのは、砂漠の地ペルシャの伝承としては興味深く思います。大黄の葉は心臓の形をしていることから、人間を想像したのかもしれません。

現在でもイラン暦の新年から数えて十三日目にお祭りがありますが、その日には女の子たちは草と草とを結び合わせ、からみ合わせて、早く夫となる人にめぐり会えるように祈ります。

「サデ祭り」の起源も「国造りの神話」の章に述べてありますが、古代のイラン人は一年を夏と冬に分け十月二十三日から五か月間を冬、他の七か月を夏としました。そして十月二十三日から数えて百日目（サデ）、私たちの暦では一月三十日をもっとも寒い日とし、寒気祓《ばら》いに赤々と火を焚いてお祭りをしたのです。現在この「サデ祭り」を祝う地方は少なくなりました。

正倉院のガラスの杯

イラン人は紀元前六世紀の遺跡ペルセポリスを、現在でも「ジャムシードの玉座」と呼んでいます。この事実からも想像できるように、ペルシャ神話にあらわれる数多くの王のうち、ジャムシード王はイラン人の心の中では〝王のうちの王〟なのです。

しかし起源を同じくするジャムシード王が、インドの神話では黄泉《よみ》の国

（死者の国）のヤマ王と呼ばれ、仏教に入ると私たちも知っている地獄の閻魔《えんま》大王となります。

ペルシャ神話のジャムシード王は、イランの新年を定めたばかりでなく、有名な「ジャムシードの酒杯」をもっていました。短くして「ジャムの酒杯」と呼ばれるこの杯《さかずき》を王が手に持ちますと、この世のどこに起こった出来事も映し出されたといわれ、幻想を愛するイランの画家や詩人は、古来好んで「ジャムの酒杯」を主題にミニアチュール（細密画）を描き、詩にうたったものです。

正倉院御物の中にも見られますが、ペルシャ伝来の美しい古代ガラスの酒杯を見る機会がありましたら、そのきらめく玻璃《はり》の中に、世界の出来事が映るのではないか、と想像してみるのも楽しいことです。

蛇王ザッハーク

一九七九年、イランはパハレヴィー王朝を倒してイスラム共和国になりました。長い間国王の圧政のもとに苦しんできた国民が立ち上がった図を表すために、町には多くのポスターがはられました。そのポスターの国王の両肩からは蛇が生えていました。人びとは神話の中の暴虐な蛇王ザッハークのことを考えていたのでしょう。

邪悪な蛇王ザッハーク

私たちが考える革命とは、過去と手を切るためのものです。ところがイランでは、あまりにもヨーロッパ化した現代イランを批判する革命が、倒すべき王を神話の中の嫌われ者、蛇王にしているのです。神話というものがこれほど深く人びとの心に根づいているのです。

善き王のあとの邪悪な蛇王は、ちょうど光に対する闇の時代です。ゾロアスター教の伝説によると、この大蛇は「三頭三口六眼千術の魔物」と描かれていますが、『王書』では蛇王はアラブの王であり、彼の子孫はつねにイランをおびやかし、悪政をしいたことになっています。

古代イラン人は、いくつもの敵を想定しています。敵は主としてイランをとりまくアラブ、ルーム（ギリシア）、トゥーラーン（トルコ）で、ときには辺境の原住民や自然現象のこともあります。神話の中にでてくるアラブ系やトルコ系の民族が住んでいる地方は、現在のそれぞれの国がある位置とはちがっています。

物言わぬ貴い牝牛ビルマーヤは、原始牛を思い出させます。第I章で、神が動物創造の最初に、人間を創ったと同じ土で創り給うたのは輝く牡牛でした。牛はインド・イラン系の民族にはきわめて大切な動物であることがわかります。さて、世にも美しい牝牛ビルマーヤは蛇王に倒されますが、それまでに、後に王となる幼いファリードゥーンを育てているのです。

この箇所は、第V章の「英雄時代」に出てくる霊鳥に育てられた王子とよく似ています。古来、捨て子を動物が保育する物語は多く、たとえばギリシア神話では、神託にしたがって捨てられ牛飼いに育てられたオイディプス王、山に捨てられて牝鹿に育てられたというヘラクレスとアレオスの子どもなどの話があります。また、ペルシャ帝国を築いたキュロス大王は牝犬に育てられたと伝えられていますし、ロムルス、レームスが狼の乳によって成人しローマを建国したという伝説もよく知られています。

邪悪の王を倒す勇敢なかじ屋のカーヴェ――ササーン朝時代から、正義のかじ屋の話は伝説として残っていますが、ゾロアスター教伝説にはこの名は見られません。

かつてパハレヴィー国王時代、一九七一年にイラン建国二千五百年祭が催されましたが、その時のパレードには、ササーン朝を表す「かじ屋印」の旗がはなやかに誇らしく風にはためいたものです。

善き王ファリードゥーン

神話のファリードゥーン王は、ジャムシードに次ぐ善政の王として知られています。それは蛇王ザッハークの長い闇の時代を終わらせた功績があるからです。ファリードゥーン王の三人の王子の嫁さがし、知恵問答もミニアチュールに描かれて有名なものです。そして三王子に国分けしたところで、初めてイラン、トルコ、ギリシアという三つの世界が登場することになります。

父王が長兄サルムにルーム（ギリシア）と西方を、次兄トゥールにトゥーラーン（トルコ）とシナ（中国）を、そして末弟イーラジにイランを与えたため、イーラジが兄たちのうらみをかい、ついに次兄トゥールに殺害されます。以後ペルシャの神話にはつねに他の敵たちよりいっそうの憎しみをこめてトゥーラーン人が描かれます。イランを善神アフラ・マズダーとすれば、トゥーラーンは悪神アハリマンで、まさに善と悪との対立となります。しかし悪《あ》しきものは祓われねばなりません。トゥーラーンはついには正義のイランによって滅ぼされる——ペルシャ神話ではそう語られています。

ペルシャの英雄伝説

ペルシャの神話は他の国々の神話とちがって、それほど神々が出てきません。一つには、神話『王書』が、イランのイスラム化の後に書かれたからでしょう。神々はイスラム以前にイラン人が信仰していたゾロアスター教の神話、伝説の中や、ペルシャ神話の初期の部分にところどころ顔を出すだけです。イスラム教は一神教ですから神はアッラーだけ、それも人間が形を想像することのできないものです。もちろん「神々」という複数の表現はイスラムでは許されません。

ペルシャの神話には、神々はあまり描かれていませんが、その代わりに神通力をもった動物があらわれます。第V章「英雄時代」の霊鳥スィームルグはゾロアスター伝説ではサエーナ鳥といわれるものです。この鳥は、後世のペルシャ文学の中にもしばしば出てきますし、現代の童話の中にも描かれています。イラン人は想像もつかない困難にぶつかると、慈しみ深いスィームルグが大きな羽を広げて救いにくる——と想像しています。

ペルシャの神話も英雄時代に入りますと、歴代王朝の物語からわきにそれて、英雄豪傑の話になります。登場する英雄たちは大らかで生き生きとふるまい、まったく人

鳥に育てられた白髪の幼な児のミニアチュール（本文136ページ参照）

間の姿をした神々を想像させます。

　何といっても英雄の中心は七百年も生きたロスタムです。しかしロスタム家、すなわちナリーマン一門は、古代ペルシャ文献にはありません。これはむしろイラン東南部のスィースターンに古くから伝わった話であろうといわれています。この地方には古くから勇猛果敢なサカ族が住んでいましたので、一般には「スィースターン伝説」とか「サカ族伝説」ともいわれます。

　ペルシャ神話『王書』のおもしろさは、実はこの英雄伝説にあるのです。本書は、「神話」の必要を満たすために天地創造からはじめましたが、物語として波乱にとむ「ロスタムの一生」

をすべて伝えることはできませんでした。しかし、「ロスタム」には武勇伝、英雄のロマンス、人生、運命とは何かといったさまざまな主題がふくまれているのです。「英雄時代」の最後にある「父と子の戦い」では、イラン人の運命に対する考え方がよく表されています。「めぐる天輪」――と本書ではほぼ統一しましたが、私たちの運命は私たちの手ではどうすることもできない。天の、星のめぐりの、あるいは神のといってもよいでしょうが、それらの見えざるみ手によって、私たちはあやつられている。私たちは「めぐる天輪」がもたらす幸いに喜び、災いに涙するのです。

また、イラン人は現世を、ただ一瞬のにぎわいを楽しむ仮の宿と考えます。この世のことに執着してはいけない。だれ一人この世に永遠にとどまることはないのだから……と何度もくり返し語られています。

イランは七世紀を境に大きな変化を経験しました。前にも述べましたが、それまでのイラン人の精神的支えであったゾロアスター教を廃して、ほぼ全国民がイスラム教に改宗しました。全国民の宗教が、ある年、突然に変わる――そのようなことを私たちは想像することができるでしょうか。

それからほぼ十二世紀を経て、現在一神教であるイスラム教がすっかり定着したようですが、しかしイラン人は何かといえば光と闇、善と悪の二元論的な考え方にもどっていきます。そしてときには「ペルシャ神話」に事例を求め、ときには「蛇の王」がポスターにまで描かれるのです。

神話とはそれほど、その国の人びとの精神に根づいているものなのです。私たちはペルシャ神話の中に、イラン人の魂、イラン人の心を読みとっていきたいと思います。

I　天地創造の神話

宇宙のはじまり

　そこにあるのは、色でも形でもありません。では、何もないのでしょうか。いいえ、何かがあるのです。何色でもないのでしょうか。いいえ、色が現れるまえの混沌とした彩りはあるのですが、しかし人の目に映る色でも、形でもありませんでした。

　かぎりなくこまやかな粒子の集合、清らかな霧か霊のようなものが宇宙を満たしていました。

　そのまま、三千年の時がながれます。

　人には想像もできない大きな形——宇宙は、産み落とされた鳥の卵、巨大な鳥の卵の形をしていました。卵の形をした宇宙の中に森羅万象がねむっている三千年！

　それが過ぎたとき、はじめて物の形が見えはじめてきました。はるかに高い天上界に明るい光が、底深い下界の奥に闇が見えてきます。光の天上界には善神アフラ・マズダーが、下界の暗闇の淵には悪神アハリマンがいます。

形が現れはじめてから最初の三千年は、善神アフラ・マズダーの天地創造の時代です。次の三千年は、善神と悪神の戦いの時代です。そして最後の三千年が、わたしたちの現世になります。古代イラン人は、卵の形をした宇宙の初めから、現世の終わりまでを、それぞれ三千年の四期、一万二千年と数えていました。

天地創造の時代

宇宙に形が現れ、光と闇が分かれたとき、闇の魔神アハリマンは、はるかな天上界を見上げて光の世界を攻撃しようと考えました。魔神は闇の底からどんどん天上界めがけて昇っていきます。

しかし、光は何と強く美しい力をもっていることでしょう。アハリマンはとうていかなわぬと、再び下界に落ちていきました。そして暗黒の世界で、あの輝く力に対抗できる魔の大軍を編制しようと決心しました。

善神アフラ・マズダーには、闇の魔神がはやくも戦いに備えていることがわかっています。そこで、まず最初の三千年を区切りとして、光と闇の対決をしようと申し出ました。そして魔神がこれに応じると、たちまち光の呪文を唱えます。暗黒の神をしばる輝く力！　悪神アハリマンは闇の底に倒れたまま、三千年のあいだ身動きひとつできません。

しかし善神アフラ・マズダーは、最初の三千年が過ぎれば、魔神が再び力を得て戦いを挑んでくることを知っていました。魔神が動けないあいだに、善神は混沌の宇宙から形あるものを創っていきます。

まず空が創られました。

空は光輝く金属のような、または大きな石のような物質であったといわれています。空とともに天体が創られ、そこには、悪神との戦いに出陣する戦士として、六百四十八万の星々がきらやかに輝きます。天空の東西南北には、星の戦士らに命令する武将の大星。

次には月が、そして太陽が光を放ちはじめました。アフラ・マズダー神は四十日で天空を飾りたてて、五日のあいだ休息します。

次の五十五日は、水の創造です。

水は海に注ぎこまれ、この海は大地の三分の一を占めます。そののち五日、神は休息しました。

水の次が大地です。

円形の平坦な大地が七十日で創られると、そこには、まるで植物が芽生えるように、いくつもの山々が隆起してきました。

五日の休息ののち、アフラ・マズダー神は地上にはじめての生命《いのち》を創造します。生命の原初は植物でした。その植物は海の中に根をおろし、天までその枝をひろげます。その枝々から、さまざまの植物が生まれ出ました。第一の植物は原草木と呼ばれています。植物創造の二十五日ののち、動物の創造まで五日間の休息。

地上に現れた最初の動物、それは輝く月の光のように清らかな白い牡牛です。神が七十五日のあいだ、土を練って創った牛を原始牛といいます。

光の神は規則正しい五日の休息をとってから、最後の創造――原始人間、カユーマルスを創造しました。牛を創ったとおなじ土が、人間の形をとるまでに七十日かかりました。

そしてアフラ・マズダー神は最後の五日の休息をたのしみました。

神の創造は、天空・水・大地・原草木・原始牛・原始人間カユーマルスの六種におよび、それぞれ五日の休息をとって三百六十五日が過ぎました。

原始人間カユーマルスは、今日《こんにち》わたしたちが見る空とおなじ空を見ることができます。海には巨大な樹木がたち、美しい牡牛が地上にいる世界になっています。

このようにして、魔神アハリマンが呪文にしばられていた最初の三千年が過ぎていきました。

光と闇の戦い

昼と夜——アフラ・マズダーとアハリマンの力が等しくなる春分の日に、春分点（黄道と赤道の中心点）が羊座に入ると、暗黒の世界にしばられていた悪神アハリマンは力を得てたちあがります。三千年が過ぎて、光の神の呪文の力はなくなっていました。

第二期の三千年は、善と悪、光と闇、アフラ・マズダーとアハリマンが、それぞれの創造物を戦わせ、力を競う時代です。

闇の魔神が地底の軍勢をひきいて地上に現れると、大地は敵を追い払おうとはげしく身をふるわせて大地震になりました。

このとき、エルブルズ山とそれに連なる山々が、大地を守り、地上の生命《いのち》を救うために次々に隆起しました。山々は地の下でたがいにしっかりと根をつなぎ合わせていたので、大地は強く、固く、重いものになったのです。

魔神はさまざまの害悪をもたらす動物、蛙、蛇、さそり、毒とかげなどを創りましたので、これらを撲滅するために光の神は天界からシリウス星をくだされました。シリウス星は人、馬、牛などに変身してこれらと戦い、三十日のあいだ、夜も昼も目を射るような光を放ち、最後に大雨を降らせると、大地はたちまち大水に没して魔物は全滅しました。

ところが、その毒や臭気は大地にしみこんでいます。それを祓うために、光の神はシリウス星を天馬の姿にかえました。

白い天馬が長い尾をうちふるいながら降りてくると、これにたち向かうのは尾の短い黒馬――闇の魔神の命令で姿をかえた旱魃《かんばつ》の神です。

シリウス星の白い天馬は、天上の光の神の援助によって、旱魃の黒い悪神を追い払うことができました。

地を覆っていた大水は、颪に吹きよせられて海に流れこみます。古代のイラン人が大地の外側にあると考えたウォルカシャ海がこれです。

シリウス星は、この海水を再びくみ上げ、大小さまざまの水滴にして、さらに十日十夜の雨を降らせたので、地は潤いました。

やがて、大地は七つの州《す》に分かれます。

大地は平坦な円形でしたから、東、西、南東、南西、北東、北西の位置に六つの州、そしてそれらに囲まれるもっとも広大で肥沃な州がイランです。

この七つの州の外側には、エルブルズ山脈が大地の外輪、首飾りというように連なっています。そして、さらにその外側を、大洪水が吹きよせられてできたウォルカシャ海が、環状に囲んでいる――これが古代イラン人が考えた世界のすべてです。


さて、旱魃《かんばつ》の魔力は祓われましたが、地中には悪神の毒が残り、塩分をふくんだ水が海に流れこんでいます。原草木は悪神の攻撃をうけて、枯れ倒れました。しかし、草木を司る神は枯れ死んだ原草木を粉末にして、シリウス星の水に混ぜて大地に雨として降らせました。すると、たちまち一万種もの薬草が萌えいでました。これはやがて魔神の創りだす一万種の病魔と戦うことになります。

そうしているうちに、枯れた原草木に代わって数えきれないほどの種実をつける木が、ウォルカシャ海のまん中に生い茂り、枝を天界へと伸ばしました。この木はあまりにも豊かに枝葉を茂らせ、あまりにも大きかったので、霊鳥スィームルグがそこに巣をかけました。霊鳥スィームルグはサエーナ鳥とも呼ばれましたから、この木は「サエーナの木」ともいわれています。

ウォルカシャ海には、もう一本の木が創られます。これは「白ホームの木」と呼ばれ、悪神アハリマンが創り出した老衰に対抗する長寿の霊薬が、この木から作られることになります。また光の神は、この霊木「白ホーム」によって、悪神が災害をおよぼした世界をたて直そうとしますが、悪神の攻撃がはじまります。

それは、悪神が創り出した大蛙《おおがえる》。海中深くに住んで「白ホーム」の根を食い荒らそうというのです。これに対して善神は二匹の魚を創り、「白ホーム」の根を守らせます。「カル魚」と呼ばれるこの霊魚《れいぎょ》は、何も食べずに生きていくことができます。世界が滅びないのは、「白ホームの木」のおかげですし、この木が悪神の大蛙から守られているのは、鋭い触針をもった二匹の「カル魚」が、たえずその根もとを見張っているからです。

原始牛――白く輝く美しい牡牛は、悪神の攻撃をうけて殺されてしまいました。するとこのうるわしい牛の生命の種は天上界にのぼり、月の光に清められ、やがて牡牛と牝牛が、続いて二八二種類の番《つがい》の動物が創られました。

最後に善神が創造した原始人間カユーマルスはどうなったでしょうか? これには

二つの説があります。

第一は、原始牛が殺されてのち、カユーマルスも病気になりやせおとろえて、三十年後に倒れてしまいますが、その生命の種は太陽の光に清められ、大地にもどされて四十年のあいだ保存されます。

やがてその種からリーバース（大黄草《だいおうそう》）が大地に芽生えてきました。男と女の形をしたこの草は、たがいにからみ合って生い育ちます。マシュヤグとマシュヤーナグと呼ばれるこの男女は、実は兄と妹なのですが、二人からやがて双子の男女が生まれてきました。するとどうでしょう、マシュヤグとマシュヤーナグは、いかにもやわらかなこの子どもたちを食べてしまいます。

神さまは大変驚いて子どもを食べる性質を兄妹からとり除きましたから、その後はしだいに子孫が増えていきました。イラン人、アラビア人、トルコ人、インド人、シナ人などの始祖はこうして生まれてきたのです。

原始人間カユーマルスについての第二の説によると、彼はイランの最初の王となって三十年のあいだ国を治めます。

わたくしたちは、この第二の説をとってイランの神話の続きを見ていきましょう。

今までにわたくしたちは第二期の三千年の間に戦われた光と闇の闘争を読んできました。そしてついに最後の三千年の期間に入ります。宇宙はじまって以来九千年後の時代です。これがわたくしたちの現在生きている世界になります。

Ⅱ　国造りの神話

カユーマルスからジャムシード王まで

カユーマルスは世の王となって山に住みます。原始の王も、王の従者も身にまとうものはヒョウの皮ばかりですが、光輝く王の威厳は、すべての人間、動物たちが王に祈りをささげるほどでした。

カユーマルスには、ただ一人すこやかに育った息子がいました。しかし、王のあとを継ぐはずのこの若者は、悪神アハリマンの子と戦い、悪計におちいって鋭い爪に引き裂かれて死んでしまいました。カユーマルスの晴れやかな顔から一年のあいだ笑いは消えたままでした。

今や悲しみの王に残された、ただ一つの希望——それは一人の孫フーシャングです。カユーマルスは孫の成長を待って、宿敵アハリマンの子に戦いをいどみます。

この世に数えきれない悪の種、病気を送りこんだ闇の王アハリマン、その子もまたオオカミのようにどうもうな相手！　カユーマルスは若く、りりしい孫を先頭に、王の威に従う野獣、猛獣の大軍をひきいて前進します。これには、黒い悪魔の軍団もかなうはずはありません。土ぼこりは黒煙のように舞いあがり、軍兵、猛獣、悪鬼らの恐ろしいさけび声をつつみ、ついに黒い悪魔の子はフーシャング王子の若い強い腕によって引き裂かれてしまいました。

しかしこの戦いで、祖父王カユーマルスは天から授かった生命《いのち》を天に返すことになりました。この世にはじめて王として存在したカユーマルスは三十年間世を治めたのでした。

王位についたフーシャングは、鉱石から鉄をとり出し、その鉄で農具を作る術《すべ》を人びとに教えました。川から水を引いて荒野を畑にかえたのもこの王です。

人びとは土を耕し、種をまき、地の恵みを収穫し、パンを作ることをおぼえました。そしてこの時代まで、多くの人びとは木の葉で衣服を作り、動物の毛皮といってもヒヨウの毛皮しか知らなかったのですが、フーシャング王がさまざまな動物——リス、イタチ、キツネ、テンなどの毛皮を着ることを教えました。

鉄から農具が作られたのですから、火はこの王の時代に世界に現れたことになります。

火は次のようにして発見されたのです。

ある日、王が供《とも》の者をつれて山道をのぼっていくと、黒い大きな帯のようなものが現れました。目は赤く燃えて、口からはたえず黒い煙をはいている恐ろしい大蛇《だいじゃ》です。王はこの蛇をにらみつけ、石をつかんで投げつけます。

その時、石が石に当たってとび散ったのが火花です。おお、輝く光、燃える火！　王は石に石をはげしく打ちつけて火花から炎をとる術を見いだしたのです。そしてそののち、鉄が作られてからは、石に鉄を打ちつけてもっと容易に炎が得られるようになりました。

王は火の贈り物を神に感謝し、その夜は火をたいてその回りでお祝いをしました。この時の火の祭りは「サデ（百日目）の祭り」といわれて、現代でもその習慣の残っている地方があります。

古代のイラン人は、一年を七か月の夏と五か月の冬に分けました。冬の始まる日から数えて百日目《サデ》（現在の一月三十日）に大きな火をたいて立春の行事をするのです。サデの火祭りは神話の中のフーシャング王が始めたものです。

フーシャング王は四十年間この世を治めて、世を去りました。その子タフムーラスが王位につきます。

タフムーラス王も賢い王でした。

王は糸を紡ぐこと、布や敷物を織ることを教えます。タカやニワトリなど、人の手で飼いならすことのできる動物と、山野にいる野獣とを分けます。

しかし後世にのこるタフムーラス王の手がらは、世の悪魔たちを次々にしばりあげたことでしょう。しかも王は悪魔たちを殺しません。かれらの知っている文字やことばを習い覚えようというのです。三十に近いことば——ペルシャ語（現在イランで使われていることば）、アラビア語、ギリシア語、中国語などを王は修得します。

さてこの王の三十年の治世も終わり、いよいよジャムシード王が位につきました。

世界中の王の中の王、ジャムシードは七百年のあいだイランを治めます。王はそれ以前のどの王よりも思慮深く、慈愛にみち、正義を行う王でした。かれはさまざまの善きことどもを人びとに教え、国中に正しい習慣をひろめましたが、中でも他のどの王もしなかったことがあります。

その一つに、身分制度を定めたことがあります。司祭、兵士、農民、職人、の四段階がそれです。ジャムシード王はまた、ノウ・ルーズ（新年）を制定して人びとと共に春の新しい日を祝いました。それは草木の萌え出でるファルヴァルディーン月（三月二十一日〜四月二十日）の第一日で、現在の春分の日（三月二十一日）にあたります。現在でも、イランの暦《こよみ》は春分の日からはじまります。

そしてこの王の時代のもっとも不思議なものは「ジャムの酒杯」と呼ばれる美しい半球形のガラスの杯《さかずき》です。ジャムシード王がこの酒杯を手にすれば、この世に起こるできごとはすべて杯のうちに映し出され、王は玉座に身をおいたまま、あらゆることを正しく判断することができました。

この不思議な杯の力によってジャムシード王は七百年の繁栄を続けます。王の威厳あふれる人徳は国中におよび、人びとは平和を楽しみました。人びとが布で衣服を作ること、家を建て、ふろ場を作る方法をおぼえたのはこの時代でした。また王は、水の上にはじめて船を浮かべて人びとを驚かせます。そして外敵にそなえて鉄の武器をつくりました。

ジャムシード王のうぬぼれ

こうしてジャムシード王の正義の時代には、国中がりっぱな美しい庭のようでした。人びとはこの王を敬いしたって、王のどのような命令にも従いました。ところが、このすぐれた統治者にも力のつきるときがきたようです。王はにわかに自分の力を誇り、自分の威光を限りないものと思うようになりました。王は高官たちを集めて次のようにいいました。

「予《よ》のほかに、この世に王はおらぬ。この世にあらゆる技芸をひろめたのは予であり、世界に平穏をもたらしたのは予である。おまえたちの食物、衣服、睡眠、あらゆる安らぎは予の与えたもの。おまえたちはこのような王を、創造主と呼ばねばならぬ」

ジャムシード王が思い上がった心をもち、自分を世の創造主と呼ばせようとするとき、幸運は王に背を向けてしまいました。

人びとはもう以前のように王を愛してはいません。人びとのあいだに、しだいに王の陰口がささやかれるようになり、ときには王の命令に反抗する者もでてきます。

「どうしたものだろう」

王はこのとき、自分のうぬぼれ、おごりたかぶる心に気づきました。悔いあらため、国中の人びとにゆるしを乞おう……。しかし時はすでに遅く、ジャムシード王に比べれば心も卑しく、民を慈しむ心もなく、不正の王として知られていたアラブの国のザッハークが、軍をひきいてイランへ向かっていたのです。

ジャムシード王の陽《ひ》がかげりはじめたのだ、今こそイランの国を手中に収めよう。ザッハークの胸には黒い炎が燃えていました。

蛇の王ザッハーク

それより前、砂漠の地に世の信望をあつめて、公正な王としてきこえたマルダースという王がいました。

かれにはザッハークという名の王子があり、王は父の愛のすべてをこの子に注いで養育しました。ところが悪神アハリマンは、大胆ではありましたが思慮に欠けるこの若い王子ザッハークを悪の道にひきこもうと一計を案じました。

悪神アハリマンのたくらみとは、人びとのあいだに争いの種をまき、世を混乱させること。悪神はいかにもやさしいようすをして、ザッハーク王子の前に姿を現し、恐ろしいことばをささやきかけたのです。

「王子ザッハークよ！　ひとつの秘密をおまえに聞かせてやろう。だが、これはだれにもいってはならぬぞ」

　王子はもともと思慮深いたちではありません。たちまちこの悪神のわなにおちてしまいます。その秘密はけっして、父王にさえももらしはしないと誓いをたてる王子の耳もとに、ふたたび悪神のささやき。

「おまえのような若いりっぱな王子があるのに、おまえの父はいつまで王でいるのか。王はすでに年老いている。ためらうことはない。父王を除き、おまえが王になるがよい。みごとな城、勇ましい軍隊、輝く財宝、すべてがおまえのものなのだぞ」

　王子ザッハークのつつしみのない心に、邪悪の芽が頭をもたげてきました。しかしどのようにして父を亡きものにしたらよいのだろう？　悪神はすばやく王子の耳もとにふきこみます。

「おまえが、なにを考えることがあろう。わしにまかせるのだ。すべてはわしの胸のうちにある」

　善き父王マルダースの城には、美しい庭がありました。王は毎晩、陽《ひ》ののぼる前に庭に出て、礼拝をするのが習わしでした。心清らかなマルダース王は、神を信じ、神に祈り、神に感謝をささげることを一日のはじめの行事にしておりました。

　悪神アハリマンは王の歩むその道に、深く暗い穴を掘り、木の枝や葉でおおいをかけます。翌朝、不運の王は穴に落ちて生命《いのち》を天にかえしました。

ザッハークは王となり、父王の公正な王座を、邪悪な王座にかえてしまいます。

悪神アハリマンは、ことばたくみな若者に姿を変えて、新王ザッハークの前に進み出てこう申しあげます。

「わたくしは、この世にまれな料理の名人。料理の道にかけては、わたくしの右にでる者はございません」

ザッハーク王が王宮の調理場をこの者にまかせますと、目をみはるような食卓が王の前に現れます。このときまで、この国では肉はほとんど食用にされていませんでしたが、悪神の扮《ふん》する調理師は動物を屠《と》殺《さつ》することを思いつきます。

鳥や獣、今までに味わったこともない珍しい料理が、次から次へと悪神の手で作られて、ザッハーク王を楽しませます。珍しい鳥の卵料理、白いキジ、鳥や子羊、一度として同じ料理がでることはありません。王の感嘆は驚きに変わるほどでした。

四日目のこと、子牛の肉に、香り高いサフランや麝香《じゃこう》（香料の一種）をそえて出された皿を見ると、ザッハーク王はかの調理師を御前に呼びいだしました。

「望みのものがあるなら申すがよい。何事も聞きとどけてつかわそう」

悪神の調理師はこの機会を待っていたのです。深く頭を下げてから、こう口を開きました。

「おお、王さまがわたくしのつくりました料理をお喜びくださる、それより他にわたくしの望むことがございましょうか。ただ、もしできますことならば、あなたさまの両の肩に、わたくしが口づけすることをお許しくださいませ」

こうして王の許しを得ると、悪神アハリマンは親しい友ででもあるかのように王に近よって、ザッハークの両の肩に口づけを与えます――次の瞬間、悪神の姿は地下にかき消えてしまいました。

おお、何ということ。ザッハーク王の両の肩、アハリマンが口づけたところから二匹の黒い蛇が、かま首をもたげているではありませんか！

ザッハーク王は蛇を切りおとします。だがその跡からは、ふたたび二匹の蛇が生えてきます。豪胆な王もさすがに怖れ悲しみ、国中の医者に治療の方法を求めますが、二匹の蛇はザッハーク王の肩についた恐ろしい飾りのように、離れようとしません。

またもや悪神アハリマンが、こんどは名医をよそおって登場します。

「王さま、蛇は切ろうとも殺そうとも、無益でございます。最善の策は、蛇をなだめて、王さまに害をおよぼさぬようになさることです」

それからこのにせの医師は、蛇を無害にするには人間の脳みそがもっともよいこと。

毎日二人の人間を殺して、その脳を蛇のえさとして与えることを進言します。

「そうしているうちに、やがては蛇も死にましょう」

悪神アハリマンのねらいは、王が国中の人びとを殺し、人間のあいだから平和が奪われ、やがてはこの地上の人類が消滅していくことにあったのです。

Ⅲ　邪悪の蛇王

ザッハークの夢

アラブのザッハークが、肩に生えた二匹の蛇のえさにと人びとを殺す残忍な王となったころ、イランではジャムシード王の善き時代にかげりがさしはじめていました。今では神の恵みも王から離れ、イランの兵士、イランの人びと、だれもが新しい王を求めていたのです。

蛇の王ザッハークは、この機会をのがさず、イランへ軍勢をすすめました。すでにジャムシード王への愛を失っていたイラン人は、続々と蛇の王のもとに馳《は》せ参じます――残忍非道な王とも知らないで。

ザッハークは、今は軍隊も人民も失ったジャムシード王を遠くシナ（中国）の海辺にまで追いつめて、これを捕え、ただちにノコギリで切り殺してしまいます。これが七百年の長いあいだ、善き王としたわれたジャムシード王の最期です。

ザッハークはイラン王の城館、武器、財宝はもちろん、王座王冠をわが物としましたが、何よりの宝は二人の姫君でした。

ジャムシード王が慈しみ育てた二人の美しい娘、シャフルナーズ姫とアルナワーズ姫です。ザッハークはこの二人に自分の肩の二匹の蛇の世話を命じました。

毎日、姫たちが恐ろしさにふるえているあいだに、二人の人間が殺されるのです。そして、とり出された脳みそを蛇に食べさせなければなりません。

「罪もない人を救う方法はないものかしら……」

姫たちは考えました。そして二人のうちの一人は殺さずに、羊の脳を使うことに成功しました。こうして毎月三十人の男たちが、死をまぬがれ町をのがれて、山や砂漠に身をかくしたのです。かれらは人里はなれたところで、山羊や羊を飼って暮らしました。現在のクルド族は、これらの人びとの子孫であるといわれています。

ザッハークの残酷な行いは、ほかにも数多くあります。しかし、なによりも毎日宮殿の調理場へひかれていく人びとの姿が、イラン人の心に、王に対するうらみと憎しみをうえつけました。国中の人びとの怒りがやがて天にまで届いたのでしょうか、ある夜、ザッハークは夢を見ました。

三人の勇士が攻めかかってきます。

一番年少とみえる中央の若武者は、重い鉄矛《てつほこ》をふり上げ、ザッハークの脳天にうちおろす。細い強い革ひもで手や足をしばりつけ、ザッハークをダマーヴァンド山へひいていきます。

ザッハーク王は恐ろしいさけび声をあげて、目をさましました——宮殿の百本の柱がゆれ動き、すべての家臣がふるえあがるほどのうなり声でした。

ザッハーク王のかたわらにやすんでいたアルナワーズ姫がたずねます。

「どうなされました?

この地上も、地の上方の天も、すべてはあなたさまのもの。世界の王であるお方が、いったいなにを怖れておられます?」

ザッハークが夢に見たままを話してきかせると、賢い姫はこういいました。

「王さま、王国のすみずみから、賢人や学者を呼びあつめ、あなたさまの夢の意味を判断させてはいかがでしょう。

王さまに邪《よこし》まな心を抱くものがだれであるか究明なさることです」

やがて、ザッハークの前に全国の賢人、夢占い師、司祭《こうべ》たちが集められました。

王は恐ろしい夢を語りきかせます。しかし、一同は頭をたれ、怖れて口を開こうとしません。公正な答えを申しあげれば、自分の首はとんでしまう。それは、恐ろしい未来を予言することになるからです……。

ついに、一人の偉大な老司祭が進み出て次のように申しました。

「王さま、夢を解きましょう。――あなたの最期の時がおとずれたのです。あなたの後継者はファリードゥーン。だが、この者はまだ生まれておりませぬ。

この者は、やがて徳高き若者となり、あなたの王座王冠を求めましょう。鉄矛をもってあなたを王座から下し、革ひもをもってあなたをしばりあげることでしょう」

「なぜ予をしばる？　いかなるうらみがあるのか」

「王さま、天地の運行を視る者には、何事も明らかでございます。

理由なくあなたにうらみを抱くのではありません。このファリードゥーンという若者は、ビルマーヤという名の牝牛に育てられるのですが、この牛は、王さま、あなたの手にかかって殺されることでございましょう。

若者がやがて牛頭の矛をあなたの頭上にふるうのはこれがためでございます」

恐ろしい未来を告げる老司祭のことばに、王はぼう然としてしまいます。

しかし残忍で悪がしこい王は、すぐに正気をとりもどし、天命がしかけるこのわなを、あらゆる手だてをもって封じようと決心します。

怖るべきファリードゥーン！　今日から未来へかけて一日の休みもなく、ファリードゥーンと名乗る者を捜し出し、しばりあげてつれて参れ――という布令《ふれ》が国中に出され、ザッハークはその日から、安らぎも眠りも失ってしまいました。

ファリードゥーンの誕生

ファリードゥーンは生まれながらにして、善政の王ジャムシード王の光輝く幸運に恵まれ、繁栄をもたらす徳をそなえ、陽《ひ》のように美しい子であったといわれています。父アーブティーンはイラン王族の血筋をひき、祖先には悪鬼退治の勇者タフムーラスをもつ人。母ファラーナクは徳の高いつつましい婦人でした。

この二人のあいだに、未来の王者ファリードゥーンが生まれたのです。

天は人に幸運をもたらし、また悪運ももたらします。王も賢人も商人も農民も、天命がくださる幸運をさらに望むことも、悪運を拒むこともできません。人はこの地上に生きるかぎり、人知がはかりしることのできない天上の「めぐる天輪」にもてあそばれているのです。

したがって、ファリードゥーンがこの世に生まれたころ、その近くの牧場にビルマーヤという牝牛がいたことは「めぐる天輪」の戯れといえましょう。そしてその牛は、体中がさまざまな彩色に輝いてクジャクのよう、物いわぬ美しい貴婦人を思わせたと伝えられています。

さて、ファリードゥーンの父は不運にもザッハーク王の蛇のえじきとして宮殿にひかれていきました。夫を失ったファラーナクにはただ一人、幼いファリードゥーンが残されているだけですが——ある日、ザッハーク王のあの恐ろしい夢の話を伝え聞きました。国中に布令《ふれ》を出して、未来の勇者ファリードゥーンという名の幼児を捜している……と。

母の知恵と決断は、いつの時代でも感嘆すべきものです。

ファラーナクは幼いファリードゥーンを抱きかかえ、牝牛ビルマーヤの牧場へ急ぎました。気高い美しい牝牛が、きっとこの子の秘密を守り、その乳で育ててくれるにちがいありません。

牧場主は、残酷な王に夫を殺されたファラーナクの嘆きを聞き、父を失った幼児の美しさを見ると、ザッハークの命令に反して、この母子に力を貸そうと約束します。

こうしてクジャクの輝きをもつ牝牛ビルマーヤのことがザッハークの耳に入るまで

に三年の月日がたち、そのあいだビルマーヤのふしぎな乳が、やがてイラン王になる美しい幼児を育てていました。

ザッハークは、昼となく夜となく探索の手をゆるめません。かれはついに牝牛ビルマーヤとファリードゥーンのことをさぐりあてます。王の生命《いのち》をねらう者を捕えよと勅令が下ります。

しかし、王兵が牧場をとりかこむ前、母ファラーナクは危険を感じて幼児とともに牧場の外へのがれていました。

子を抱《いだ》く母は砂漠をかけぬけ、飛脚のように、野生の山羊のように、エルブルズ山を登っていきます。

山には、ふかく神を信じて世俗を忘れた一人の隠者が住んでいました。

「ああ、聖なる人、わたくしはイランからまいりました、不幸な女でございます。この子の父は、蛇の王ザッハークのいけにえとなりました。この子はやがて人びとの上に立ち、残酷なザッハークを討って、イランの王となる者でございます。神のお恵みによってあなたさまがこの子の父となり、この子を育ててくださいますように」

隠者はこの願いをききとどけ、ファリードゥーンの成長をさまたげる冷寒な風が、この子にかからないようにしました。

ザッハーク王はファリードゥーンをみつけ出すこともできず、狂った象のように牝牛ビルマーヤとその他の動物を殺してしまいました。


それから十六年――ファリードゥーンはすくすくと伸びた糸杉のような身の丈、強い力と勇気にあふれた若者になっています。

今日こそは自分の父がどのような人であったのか聞きだそうと、ファリードゥーンはエルブルズ山をおり、母のもとにまいりました。

「ああ、怖れを知らぬ若者となった息子よ、今こそすべてをおまえに話しましょう。よくお聞き、おまえの父は王家の血筋をひくお方、祖先には悪鬼を退治した剛の者、あの名高いタフムーラスもいるのです」

その血筋とおなじように高貴な心をもつ父は、残忍なザッハークの蛇のえじきとして殺されたこと――ザッハークの夢にあらわれた未来の王が、ファリードゥーンであることが母の口から伝えられます。母子を助けてくれた牧場主も、あの貴い牝牛ビルマーヤもザッハークによって殺されたのです……。

「わたくしはその危険をのがれ、おまえを抱いてエルブルズ山に登りました。そして、今まで育ててくださったあの聖なる隠者に、おまえの生命をおあずけしたのです」

ザッハークは父のかたき、イラン人の敵！

王家の血が若い体にながれていることを知ると、ファリードゥーンは復讐の炎に身も焼かれる思いです。

「母上、わたしは残忍非道のザッハークが今までに流したイラン人の血に誓って、父上のうらみをはらし、かれの運命をくつがえします。

今こそ剣をとり、蛇の化け物がいるあの宮殿をいっきょに土と化してみせましょう」

「息子よ、未来の王は賢明でなければいけません。おまえ一人で、世界を相手にどうして戦うことができましょうか。

魔物とはいってもザッハークには、王冠と王座があり、全軍はかれに服従を誓っているのです。王のただひとつの命令で、四方の国々からは、帯をしめ、剣を手にした十万の兵士が集まってきましょう。

血気にはやる若い力をおさえて、機が熟すまでは、天下の情勢をじっと見ているのです。剣は、幸運とともに握らなければなりません」

ファリードゥーンは母の忠言を耳にすると、ふるいたつ心を鎮めました。

かじ屋のカーヴェ

一方ザッハークは、夢に現れたファリードゥーンのことを思うと心は怖れでいっぱいです。安らかに過ごす日夜はなく、時には「ファリードゥーン」と、思わずつぶやく自分の声に、この未来の王が襲いかかってきたかのように背後をふりかえります。

わが生命《いのち》をねらう若者！

ザッハーク王の頑強な背中も、恐怖にうちひしがれた老人のように見えました。

そこでザッハークは、イラン国王の威厳によって王座から怖れの影を払おうとします。

ある日、命令を下して宮殿を飾り、象牙の玉座についてトルコ石の冠をいただき、賢者や司祭を呼び集めました。王権の基礎を固めておかなくてはなるまい、との決意を秘めて。

「予に大いなる敵がいることは諸侯も知ってのとおり。この敵は若いとはいっても勇敢な武人、けっして侮ることはできぬ。

予はこの敵に対して悪魔と人間からなる混成軍団を作ろうと考えた。そのためにはまず、この座にいる諸侯が次なる宣言書を真実と認め、それに署名することが必要じゃ」

ザッハークは声高く読みあげます。

「ザッハークは公正にして慈愛の王であらせたもう。かれは真実を語り、正義によって国を統《す》べたもう」

だれが蛇の王に反対できましょうか。いならぶ賢人、貴族は王を怖れて、次々に署名していきます。

そのとき、宮殿の門のあたり、群衆のどよめきのあいだから、一人の老人が王の前にひき出されてきました。

「残忍な王よ！　わしはカーヴェ、かじ屋のカーヴェという者。

王の公正、王の慈悲がどこにあるのでしょう。もしあなたが慈愛の王であるならば、なぜわしの息子が次々に殺されなければならなかったのですか。

わしには十八人の息子がいました。そしてただ一人を除いて、みなあなたの蛇のえじきとなりました」

老いた父親のさけび！

蛇の王も耳を傾けています。一人、また一人と息子を殺されていった悲しみ苦しみが、貧しいかじ屋の顔にふかくきざまれ、背は弓のようにまがっています。

「そして王よ、わしにただ一人残された息子に、また順番がめぐってきました。この父のつえ、視力を失ったこの目の光であるただ一人の息子！

ああ、王よ、もし慈悲の心があるならばわしに息子をお返しください」

ザッハークは心に深く怖れと驚きをおぼえながらも、ゆだんなく考えました。

この場は、父親の心をしずめる方がよい。

そこで王は、息子を釈放し、次のようにいいます。

「どうじゃ、今こそ、わしの慈悲深さを知ったであろう。

かじ屋よ、おまえもこの宣言書に署名をするがよい」

かじ屋のカーヴェは「ザッハークは公正にして慈愛の王……」という宣言を読むなり、いならぶ貴族、高官、司祭らに向かってさけびました。

「おお、自分の魂で地獄を買った者たちよ！　おまえたちは神への畏《おそ》れを捨てたのだ。

魔王ザッハークを怖れて悪に屈したのだ。わしは、けっしていつわりの宣言書に署名はしない。残忍な悪魔を、公正な王などといいはしない」

勇敢なかじ屋は、その宣言書を破りすて踏みつけて、大切な息子とともに宮殿を出ていきました。

かじ屋のカーヴェは男や女、子ども、若者、老人が群らがる市場に入っていきます。かれは革の前かけ――かじ屋が神聖な仕事場で腰にしめる前かけをはずすと、槍の先にしばりつけ、それを旗印として、あたりの人びとに声を高めてこう説きました。

「みなの衆！　蛇の王ザッハークは魔物じゃ。わしらの生命はわしらで守ろう。ザッハークの夢に出たファリードゥーンを、わしらの王としよう。わしらの息子、わしらの仲間のかたきをうとう！」

かじ屋の革の前かけ、その旗の下になんと多くの兵士が集まってきたことでしょう。いいえ、兵士ばかりではありません。バザールの商人や職人たちも続々と集まりました。

勇敢なかじ屋！　かじ屋の革の旗は正義の旗印です。

老いた首すじをまっすぐに伸ばしたかじ屋を先頭に、この群衆がファリードゥーンの館に近づいたとき、若き王子ファリードゥーンはこの旗印に幸運のきざしを読みとりました。

人びとに歓声で迎えられた未来の王が最初にしたことは、今は旗となったカーヴェの革の前かけを、黄金と錦《にしき》と宝石とで飾り、その先に満月のように輝く球をつけ、赤、黄色、スミレ色のリボンをたらしたことです。

ファリードゥーンはこれを「カーヴェの旗」と呼びました。

ザッハークのいつわりの宣言書の話をききとると、ファリードゥーンは武具をつけ、美々《びび》しく帯をしめ、イラン王家のかぶとを頭にいただきます。

「母上、かたきうちの日がまいりました。わたしは清らの神々のご加護のもと、ザッハークと戦わねばなりません。母上はただ、神々にお祈《ま》りください」

りりしい息子の姿を目のあたりにした母は、目に涙を浮かべ、息子を神のみ手にゆだねました。

牛頭の矛

ファリードゥーンはすばやく出陣の準備をととのえました。

まず、腕のよいかじ屋を呼び寄せます。ファリードゥーンはコンパスをとり、地上に矛《ほこ》の形——聖なる牝牛の頭に似せた鉄矛《てつほこ》の形を画《えが》きました。かじ屋といっても師匠と呼ばれるほどの上手、たちまちにして牛頭の矛ができあがりました。この牛は、ファリードゥーンの育ての親、貴い牝牛ビルマーヤをあらわしているのです。

牛頭の矛はファリードゥーンの気に入りました。かれがこの矛を手に、小山のような馬にうちまたがり、大軍を率いて出立《しゅったつ》したのは星回りのよい吉日であったといわれています。

ファリードゥーンは初陣《ういじん》の戦《いくさ》に心をおどらせながら、宿場から宿場へと馬を進めていきます。と、ある夜のこと、暗闇の奥から天使のように美しい若者があらわれました。

地上には見られない美しさ！　若者は魔法を解く術《すべ》をファリードゥーンに教えます。これは神のつかわしたもう天使であろう、そう思うと若き王は、幸運がわが方に味方していることを悟り、新たな勇気がわいてくるのでした。

やがて、ファリードゥーンの軍勢はティグリス川のほとり、バグダードの町を宿営地と定めました。ファリードゥーンは川の渡《わた》し守《もり》を呼び集め、船を出し、兵士も馬もすべてを向こう岸につけるようにと命じますが、渡し守の長《おさ》はこれに従いません。

「われらはザッハーク王の命令なしには、船を出すことはできません」

それならば船はなくとも渡ってみせよう。ファリードゥーンは王者の帯をきりりとしめ、馬具をしめ直してバラ色の駿馬《しゅんめ》を川の流れへ進めれば、将兵らも幸運の王に遅れまいとときの声をあげながらその後に従います。

ティグリス川の広大な水面《みなも》は、やがて王座をとる軍団をのみこむかのよう、地上では勇猛な武者もこの大河には浮きつ沈みつ、人馬は泳ぎ流されて、そのさまはまるで亡霊の一軍のようであったといわれています。

ようやく対岸にたどりついたファリードゥーンは軍勢をととのえます。この渡河《とか》の苦しみはかれの胸にある復讐の誓いを、いっそう強いものにしました。

若き王の軍はザッハークの城のそびえたつエルサレムへ急ぎます。砂漠を過ぎ、目ざすエルサレムに近づくと、一マイルのかなたに天にそびえる城が見えました。それは星にも勝る輝き、飾りをつけた花嫁のようで、まだ広い世界を知らないファリードゥーンには不思議な妖精の美しさと見えます。

あの城の主ザッハークは、人間の運命をもてあそぶ、あの「めぐる天輪」とひそかにとり引きをしているにちがいない。ファリードゥーンは牛頭の矛をにぎりしめ、兵士らの先頭にたって進みました。

城門を守るのは軍兵《ぐんぴょう》ではなしに悪魔や魔法使いです。牛頭の矛をふるい、味方を励まし、城内に攻め入りました。闇の底から現れた天使が、ファリードゥーンに魔法を解く術を授けてくれたのはこのためだったのです。

幸運の王は悪の力を祓い、宮殿に入り、ザッハークの王座王冠を奪うことができました。しかし、なぜザッハークは姿を現さないのでしょう。

若き王ファリードゥーンは、宮殿の一隅《いちぐう》に捕えられていた美しい二人の姫君を救い出しました。イランに繁栄をもたらした偉大な王ジャムシードの二人の娘、シャフルナーズ姫とアルナワーズ姫は身をきよめてファリードゥーンの左右に座ります。

二人の美女はザッハークの蛇の恐ろしさ、その残虐さを語り、かれが今ひそかに魔法の国インドに逃れていることを告げました。

なるほど、両肩に蛇を生やした魔王が若き王に、このまま王座を譲るとは考えられません。

ザッハークとの戦い

ザッハークの耳に若い勇敢な親王ファリードゥーンのことを伝えた者がいました。ザッハークの城番の中で、もっとも忠実な男です。この者に王は宝庫のカギをあずけていましたが、かれは王のもとに敗け戦の知らせをもたらしました。

「王さま、なんたる不覚でございましょう。ご運が傾き、最後の時がやってきました。三人の勇者が侵入してまいりましたが、その中で一番年若の者は糸杉のような身の丈をして、山をくだく鉄矛をもち、見るからに王者といった風貌でございます。宮殿におりました悪魔たちをことごとく倒し、ただいま主人面をして祝宴をひらいております」

城番は、かつてザッハーク王が見た恐ろしい夢のことを、王に想い出させようとするのですが、王はまだ気がつきません。

「おまえは乱暴者というが、それは客であろう。無礼な客はめでたいきざしといわれる。嘆くことはあるまい」

そこで城番はさらに三人の勇者のふるまい、そのようすを語ります。ジャムシード王の娘、あの二人の姫君は、玉座についたこの若者の左右に侍《はべ》って、若者のことばを聞きながら黒いひとみを輝かせております……。

ザッハーク王は悟りました——今まで隠れていた、侮りがたい敵がついに姿を現したのだ——と。王は愛馬に鞍をおかせ、悪魔と人間の大混成軍を率いてたちまち宮殿さして進軍しました。

ザッハーク王がエルサレムに帰ってみると、すでに大部分の人びとがファリードゥーンの味方になっていました。どの家の屋根からもレンガや石がザッハーク軍めがけてとんで来ました。土ぼこりはまいあがり、陽《ひ》も見えなくなり、地上をおおう砂煙のなかに兵士のさけび声がこだましています。

「ザッハークを倒せ！　ザッハークを倒せ！」

ザッハークは味方の兵を失い、憎しみにふるえる身を鉄のよろいかぶとに包み、ただひとり、ひそかに宮殿の屋根にのぼりました。

そこからは、かつて自分のものであった宮殿の中が手にとるように見えます。ひとみも巻毛も闇夜のような漆黒、ほおは昼の陽を思わせる美しい二人の姫君。その姫たちがこぼれるようなほほえみを浮かべて、若い王のかたわらに座っています。

ザッハークの胸にしっとの炎が燃え、かれは宮殿の屋根からとび降りました――剣をぬき、名乗りもせず、ただ美しい姫たちを刺そうと。

それより早く、ファリードゥーンの牛頭の矛はこのくせ者の頭上にふりおろされ、顔をおおうかぶとがくだけてザッハークが現れます。父のかたき！　ファリードゥーンがさらに牛頭の矛の一撃を加えようとしたとき、ふたたび天使が美しい姿を現しました。

「殺してはなりません。かれをしばり、デマーヴァンド山にとじこめなさい。この者に死期はまだきていない」

ファリードゥーンは獅子の皮をよって縄をない、ザッハークの手足をしばり、兵士らに命じてデマーヴァンド山へひいていかせました。

この山の奥深くに一つのほら穴があります。ファリードゥーンはそこに鉄のくいを打ちこませ、鎖に鎖を重ねてザッハークをこの山にしばりつけたのでした。

千年にわたる圧政の時代は終わり、世の人びとは蛇の王ザッハークのよこしまな力から自由になることができました。

神よ、二度とこの平和が奪われることのありませんように。

ファリードゥーンは善政をしいて不正をしりぞけ、五百年のあいだ世を平和に治めました。

Ⅳ　善き王ファリードゥーン

ファリードゥーン王

　蛇の王ザッハークを滅ぼしたファリードゥーンはイランの王座につきました。それは星回りのよいメフル月の朔日《ついたち》（九月二十一日）でした。メフルガーンという秋祭りを制定したのはこのファリードゥーン王です。

　今まで蛇の王に苦しめられた年月があまりにも長かったので、貴い身分の人びとも一般の人びとも、老人も子どもも、ファリードゥーン王をほめたたえ、王に従いました。

　ファリードゥーン王の母——あの幼かったファリードゥーンを貴い牝牛のところへ連れて行き、危険を悟って、さらにエルブルズ山の隠者のもとへと走った賢い母は、息子が神のご加護を得て王の位にのぼったことを知ると、身を清め、多くの捧げ物を供《そな》えて、神の前にひれ伏しました。

「神さま、ありがとうございます。

どうか若い息子をこれからもお守りください」

そして彼女はひそかに、多くの困っている人びとに施し物をします、衣服、銀貨、家畜――。この母にとっては、息子の無事と息子の幸福のほか貴いものは何もありません。今こうして王になった息子の幸せを、人びとにも分け与えようと思います。彼女のひそかな善行は七日のあいだ続き、そのあたりに貧しい者はいなくなりました。

七日間の施しが終わると、王者の母は自分の館を美しく飾り、国の貴族や高官、司祭たちを招いて盛大な祝宴を催しました。

おなじ日に、ファリードゥーン王の母は館の宝庫の扉をすっかり開け放ちました。由緒ある家に代々伝わった衣服や武器――宝石で飾った槍、刀剣、かぶと、鞍――黄金のふち飾りをした帯など、目もまばゆい宝物をすべてラクダに積ませ、新しい王のもとへ届けさせました。

このことが伝わると、貴族も兵士もファリードゥーン王とその母をたたえました。人びとは、この王のみ代がいつまでも続いて、王の幸運がさらに輝きますようにと祈りました。

ファリードゥーン王は世界を回り、不正を行う者を罰し、善政をいきわたらせました。荒れ地はたちまち天国の庭のようになり、雑草はバラの花に変わります。王の宮殿には日増しに世界の各地から賢者や学者、経験ゆたかな長老たちが集まりました。

三人の王子

ファリードゥーン王が蛇の王ザッハークを倒したとき、蛇王の宮殿に捕えられていた二人の美しい姫君がいました。シャフルナーズ姫とアルナワーズ姫です。ファリードゥーンはこの二人を共にお妃《きさき》として迎えました。

王が五十歳を過ぎたとき、シャフルナーズ妃に二人、アルナワーズ妃に一人の王子が生まれます。ファリードゥーン王は三人の王子がかわいくてなりません。彼らは父王によく似て、身の丈はすこやかにのびのびと、ほおは美しいバラ色をしていました。

ふしぎなことに、父王はこの三人が象より速く走れるほど成長しても名をつけずにいました。どの王子も父王にとっては宝ですから、区別をしたくなかったのでしょう。

三人の王子はいずれもたくましく成長して、だれが父王の玉座に座ってもおかしくない、みごとな青年になりました。

そこで父王は思慮深い賢明な顧問をお召しになり、次のように命令なさいます。

「予の愛する三人の王子にふさわしい、三人の姉妹をさがしてまいれ」

王はこの娘たちにいくつかの条件をつけます。

まず正しい王家の血筋をひいていること。次は、月のように、妖精のように美しいこと。そして三人の身の丈と顔つきは、だれにも見分けがつかないほど似ていて、かわいさのあまり両親がまだ名まえをつけていない娘たちであること。

王さまの信任をえている顧問はどんな難事をも解く力をもっていましたが、この三人の王子の嫁選びには、何人もの助手が必要です。顧問はすぐに人数をそろえ、旅じたくをととのえ、イラン国内をすみずみまで調べ歩きましたが、そのような三人姉妹はみつかりません。

顧問はさらに国外の王族、王侯、貴族のもとに何人も使者をおくります。

そしてとうとう、イエメンの国に王さまが望むとおりの三人の姉妹がいることを知りました。この国のサルヴ王の三人の王女は三つの月のように清く美しく、三人のうるわしさを区別する名まえはまだ与えられていません。

顧問はキジのように喜び勇み、さっそくイエメンへ向けて出立《しゅったつ》しました。

イエメンのサルヴ王はイラン王の顧問を迎えて用心深く問いかけます。

「そなたは使者なのか？　使者ならば、いかなる伝言、いかなる難題を持ってまいったのか」

顧問は地にひれ伏し、神のみ名のもとにサルヴ王をほめたたえてから、ファリードゥーン王よりの、祝福を述べ伝え、さらにサルヴ王の長寿と幸運を神に祈りました。そして、三人の王子と三人の王女の縁組みについてことば巧みに述べました。

「アラブの王よ、どうか玉座が芳香を放ち、王の宝庫が財宝にみちあふれますように。さて、われらの王、勇猛なファリードゥーンはこのように仰《おお》せられます。

『この世に宝といわれるものは多いが、生命《いのち》とわが子に勝る宝はありません。もしも三つの目をもつ者がこの世にいるならば、それは予のこと、予の三人の王子は予の三つの目といえましょう。

いや、三人のわが子は予の目以上に大切なものです。彼らは英知、人徳、勇気に恵まれて、どのような望み、どのような富も手に入れることができましょう。予は三人の王子の三人の妃をひそかに捜し求めていました。

今、賢明にして思慮深きイエメン王の宮殿に三人の王女がいることを知り、急使をつかわして、わが友なる王にお願い申します。偉大な王宮で清らかに成長された貴い三人の姫君を、わが王子の妃になされてはいかがでしょうか。比べものもない美しい三組の宝石は、世にまれな高貴な宝をうみ出すことでしょう』

偉大なイエメンの王よ、このようなファリードゥーン王の願いが、あなたさまの広いお心によってかなえられますように」

サルヴ王にとって、これは苦しい困難な問題です。――イラン王と同じように、イエメンの王にとっても三人の姫君は三つの目、三つの光でしたから。

王の顔は、水が干あがり枯れしおれたジャスミンのようになり、心につぶやきます。

『おお、わが姫たちを見ることができないなら、わたしには陽光あふれる昼の日はもうない』

イエメンの王は、ひとまず使者をひきとらせ、側近の者たちを呼び集めます。

経験ゆたかな側近の者をはじめ、賢者、武将らが集まると、サルヴ王は苦しみに深くたれた顔をあげて、イラン国王の申し出を一同にはかりました。

問題は、ただ三人の王子と三人の姫の縁組みを承知するかしないかにとどまりません。もし快い返事をしなければ、蛇の王ザッハークをたちどころに討ちとったイランの王が、どのような復讐を企てることでしょう。

しかし、と王はこう結びました。

「しかし、わが目の光、イエメン国のともしびともいうべき三人の姫を、武力をおそれて嫁がせるのは、あまりにも残念――」

すると一人の勇敢な武将が進み出て、

「王さま、われわれはイラン国王の奴隷ではありません。相手がいかにファリードゥーン王であろうとも、いうべきことはいわなければなりません。

三人の姫君が王さまにとって真実の宝であるなら、城の宝庫の扉を開いて数多くの宝物を贈り、口はお閉じになり、イランの使者にはなにもお答えなさらぬのが賢明。かれらには決して解くことのできぬような難題をお出しになるのはいかがでしょうか」

翌日、サルヴ王はイランの使者を御前にお召しになり、ことば巧みに次のように仰せられました。

「イランの王ファリードゥーンにお伝えください。

三人の王子さまが王さまにとって目であると同様に、三人の娘はわたくしにも目以上のもの。わたくしの王座、わたくしの軍隊、わたくしの目も、イラン王にさしあげればもう会えなくなる娘たちに比べればば何の価値もないものです。

そこでまず、三人の王子さまをわたくしのもとにおつかわしください。わたくしはかれらの健やかな心によってわが心を明るくして、そののちに三人の娘を王子さまにお渡ししましょう」

使者はこの答えをもって帰り、ひとことのちがいもなく伝えると、ファリードゥーン王は三人の王子を呼びよせて次のようにいわれました。

「おまえたち、父のことばをよく聞くがよい。賢い者の考えは奥深い。イエメン王は世に類のない英知のお方。きっとおまえたちをお試しになるにちがいない」

サルヴ王と同じように賢明なファリードゥーン王には、相手の苦しい返答の中に秘められた術策が、絵を見るように明らかに見通せるのです。

父王は三人の王子に説ききかせました。

「まず、イエメンの王は祝宴を開いておまえたちを上座に導き、やがて春の園《その》のような三人の娘を連れてくるだろう。

姫たちは美しい花のように区別がつきにくく、だれが姉でだれが妹かわからぬというが、最初に入ってくるのが一番の年下、最後に入ってくるのが一番の年上、まん中は二番目の姫であろう。

おまえたち同様に三人の姫には名まえがない。よく見きわめてまちがわぬようにするのだ。そして三人の姫たちの年齢の順をいいあてよと問われたら、今教えたとおりに答えるがよい。

王子たるものは神を敬い、思慮深く、先見の明をそなえて、雄弁でなくてはならぬ。黄金も権力も掌中《しょうちゅう》にあるイエメンのサルヴ王は英知の君でもある。おまえたちが王の目に愚か者と映らぬよう心がけるのだ」

これらのことばを三人の王子が耳輪のようにしっかりと耳にとめて退出すると、王はかれらのためにイラン王家にふさわしい旅のしたくを命じました。

イエメン王の婿選び

三人の王子に従う護衛の軍は、天下に名高い武将たちを先頭に、大地を踏みならしてイエメンに向かいましたから、天も地もこれは何事かと驚くほどでした。

イエメンの王は王子たちの通り道に金貨と、香り高いサフランと麝香《じゃこう》をまいて、キジのように美々《びび》しく飾りつけた貴族や兵士たちを迎えに出します。

イエメンの王の宮殿は天国のよう、三人の王子の目に入るものはすべて金銀、錦《にしき》で飾られています。

「長い旅、おつかれのことでしょう」

三人の若い高貴な客をもてなす王。このサルヴ王の口から、父王のいわれた難題がいつ出されるのかと、王子たちの心は期待と不安でいっぱいです。

それは不思議な光景でした。

宮殿の一隅《いちぐう》に、月の光ではなく、月そのものが現れたのかと思われる明るさがみなぎって、そこに三人の美しい娘が現れると、王子たちに近づいてきました。三人は春の園《その》に育ち、おなじ背丈、おなじ姿形、おなじ葉の色をした優雅な糸杉を思わせるほど似ています。

『父王がいわれたとおりだ!』

三人の王子は讃嘆のつぶやきを心にもらします。三人の王女は順番に等しい間をおいて座につきました。

「さて、この三つの星のうち、どれが年上、どれが二番目、そして一番下はどれかをお答えください」

イエメンの王は王子たちにたずねます。王子たちは迷わず父王にいわれたとおり

──一番前が年下、一番後ろが年上、そして第二の王女はまん中に座っていらっしゃると答えてから、誇らしく次のようにいいました。

「王さま、王さまのお試しは失敗に終わりました」

イラン王ファリードゥーンの才知! イエメンの王は力を落とし、いならぶ貴族や

武将は、声をあげて驚きました。

三人の美しい王女たちは年の順に、三人の王子のかたわらに座りますが、あのような試みで三人の王子の才をはかろうとした自分たちの父を恥じてほおを赤らめていました。

婚約は決まりましたが、イエメンの王はこれであきらめたのではありません。三人の姫を部屋へさがらせてから大酒宴をもよおし、やがて酔いも回った王子たちに眠りがおとずれるころ、王は彼らをバラの花園に用意した寝所に案内させました。

王は魔法によってこの園に寒風を送りこみ、バラの花もろともに王子たちを凍え死にさせてしまおうと考えたのです。

氷のような風がひそかに吹きつけてきます。夜の闇の底にねむる花園のバラの花々も緑の葉もたちまち凍りつき、小鳥たちは凍え死んでいきますが、王子たちは安らかに眠っていました。あらかじめ唱えておいた王者の呪文によって、彼らのまわりにだけは、暖かな空気が残っていたのでした。

翌朝、これを知ったサルヴ王は、これ以上魔法を使うことは、ただ時をむだに費すだけであろうと悟りました。美しい三人の娘をもった自分が不幸なのだ！

そこで王は三組の花婿花嫁のまえに、司祭を召し、宮廷の家臣や高官たちを集めて神の祝福を祈ります。

「月の美女、三人の姫にまことにふさわしい夫である三人の王子たちよ！　今、わが三つの目を儀式に則ってあなたたちに委ねます。神の恵みによって、王子たちがわが姫を自分の目、自分の生命《いのち》として愛し慈しみますように」

王は宝庫の扉を開き、美しく姫たちを飾りました。次々に並ぶラクダの背には、花嫁の荷物が積まれ、錦で飾った輿《こし》が数えきれないほど続きます。荷の中にはファリードゥーン王家への贈り物も、書記が一つ一つ記録できないほどふくまれていました。

国分け

イランの王ファリードゥーンは、息子たちが首尾よく花嫁を得て帰国するとの知らせをうけると、息子たちの真実の心を試みようと考えました。

王は竜に姿をかえます。王子たちの行列を出迎えて、竜になった王は恐ろしいうなり声をあげ、悪神か鬼のように砂ぼこりをまきあげました。

三人の王子のうち一番年上は、

「慎重な男は竜とは戦わぬもの」

というなり逃げだしてしまいます。

二番目の王子は、弓に矢をつがえてさけびました。

「暴れ狂う獅子でも、世にきこえた勇者でも、わたしに向かってくるがよい！」

末の弟は竜に向かっていいました。

「竜よ、消えるがよい！　われらはファリードゥーン王の王子、鋼の矛をふるうことのできる勇者なのだ。

イラン国の獅子に挑んでもおまえに勝ち目はない、砂漠の奥に立ち去るがよい」

竜の姿はかき消えて、やがてファリードゥーン王は父王として三人の王子、三人の花嫁を出迎えます。

牛頭の矛を手にした父王の姿が見えると、王子たちは馬からおりて大地に口づけました。

「おまえたちは、あの恐ろしい竜を何と見たか？　あれはこの父、おまえたちを試そうとしたこの父が姿をかえた竜だったのだ」

驚く王子たちを、父王はいとおしそうに見ながら一番年上の王子にいいました。

「長男のおまえにはサルムという名を与えよう。身の安全のために、竜の口を避けたのは賢明であった。いたずらに危険にたち向かう者は勇者ではなく狂人であろう」

父王は二番目の王子にはトゥールという名を賜り、かれの火のような勇気をたたえました。

末の王子にはイーラジの名を賜り、土と火の中道を選んだ賢明さ、思慮深い行いをたたえました。

名が決まると、王はひそかに星占い師をお召しになり、王子たちの星座をごらんになります。

サルムの星は射手座の木星、トゥールの星は獅子座の太陽です。しかし、末の王子イーラジの星はカニ座の月で、これは前途に不運が待ちかまえていることを示しています。三人のうちでもとくにイーラジの沈着賢明さを頼もしく思っている王は、末の王子の不吉な未来に深く心をいためました。

息子たちの異なる運命の秘密を知った王は、世界を三つに——第一はルーム（小アジア）と西方、第二はトゥーラーン（トルキスターン地方）とシナ（中国）、第三はイランに分けました。

父王は領土の名に王子の名をあわせて、上の王子サルムにはギリシア人の住むルームと西方を、二番目のトゥールにはトルコ人の住むトゥーラーンとシナを、そして末の王子イーラジにはイランを与えたのです。

イーラジは父王より、王座、王冠、宝剣、王の印章、軍隊のすべてを与えられて、これよりのち「イラン王」と呼ばれるようになります。

兄弟のいさかい

それから、長い年月が経ち、牛頭の矛を手にしたかつての勇壮な王ファリードゥーンも、すっかり年をとっています。

長男サルムの心にはイーラジへの妬みが芽生えていました。父王の分配はどうも公平ではない、なぜ父上は末の弟に黄金の玉座、王冠を与えたのだろう？

それほどの年齢でもないのに、サルムの顔は嫉妬と不満にゆがんで、深いしわがきざまれています。彼はトゥーラーンとシナの王である弟のトゥールに使者を送りました。

「弟トゥールよ、幸せに暮らしているだろうか。君もわたしも体は糸杉のようにすこやかだというのに、心は卑しめられている。

われわれ三人の兄弟は、だれもが王座にふさわしく生まれ育ったのに、末の弟だけがなぜあのような幸運を得たのであろう。

父上は長男であるわたしや、次男の君を無視された。この配分はどう考えても不正に思われる」

兄サルムの急使を迎えたトゥール――もともと勇敢ではあるが軽率なこの弟の頭には、たちまち怒りの炎が燃えあがります。そうだ、兄上にはルームと西方、わたしにはトルコ人の住まう荒野とシナ、なんと不公平な国分けだろう。

「兄上よ、わたしたちが若かったので、父上はわれわれを欺いたのです。この不正を黙って見逃しておくことはできない。さっそくにお目にかかり策を講じましょう」

トゥールの返事は激しく早かったので、兄の感情はいっそう燃えあがりました。

会談――二人はもはや自分の心の中だけにおさえておくことのできない不満をぶつけ合い、父王をうらみ、末弟イーラジをののしり、やがて一人の雄弁な司祭を呼びつけました。

「父王のもとへ行き、王が受けるにふさわしい恵みを天に乞うてから、次のように申しあげよ。

『王よ！　お年を召されたあなたは今こそ神々を怖れなくてはなりません――あなた

の白髪《はくはつ》がふたたび黒くなることはないのですから。神々はあなたに多くの賜り物を、中でも祝福された三人の王子を賜りました。三人はいずれも王位王冠にふさわしく、勇気と知恵をあわせもっております……』」

このようにかれらは父王の国分けの不公平を激しいことばでなじり、自分たちの取り分がイーラジのものよりはるかに劣っていることを述べたてます。そしてもしこの不公平を改めてもらえないなら、すぐさま軍を率いてイランに攻めこむであろう……。

使者は火のような激しい伝言を聞き終わると、炎にあおられたように馬をとばし、父王ファリードゥーンの宮殿さして急ぎました。

壮麗な宮殿、ならびいる家臣たち……玉座の前に導かれた使者は宮廷の美しさにもまして、国王の威厳にうたれました。

王はやさしく使者の労をねぎらい、たいせつな二人の息子の安否をおたずねになります。体は糸杉のようにすこやかに、髪は樟脳《しょうのう》のように白く、両のほおは慈愛のこもる微笑を浮かべてバラの花びらのように紅色《くれないいろ》をしています。

使者は、神々がこの王に恵みを賜るよう祈ってから、あさはかな王子たちの激しい伝言を、陽《ひ》のように輝く王の面前におそるおそる申しあげました。

王はじっと耳を傾けておられます。うらみを抱《いだ》き、子としての礼をわきまえぬ二人

の息子のことば！　年老いた王の胸に憤りがこみあげてきます。使者に、

「おまえをしかるつもりはない……」

王はこう前置きをして、心の汚《けが》れた二人の息子へ次の返事を伝えさせました。

「おまえたち二人の伝言は、心根の卑しさをまことによく現したもの。恥を知り、神々を怖れるがよい。

天と地の清き神々のみ名にかけ、輝く陽とゆたかな大地、王位王冠、金星と月にかけて、わしはおまえたちに不公平な配分をしたとは思わぬ。あの国分けは、すぐれた学者、司祭、星占い師らの合議によったものである。

おまえたちも申すとおり、父も間もなくこの世を去るであろうが、死はやがておまえたちにも訪れ、この世に永遠にとどまるものは一人としておらぬ。

されば息子たちよ、おまえたちの邪悪な考えは、この世の終わりにくだされる最後の審判によって裁かれることになろう。

貪欲の悪魔に魂を売りわたしたものを、神々がおゆるしになることはあるまい」

王はサルムとトゥールの使者を帰すと、しばらく思いにふけっておられましたが、末子のイーラジを呼び、イラン王国にふりかかるであろう不幸な出来事を語りました。

二人の伝言は挑戦状にほかならず、もはや隠しておくことはできません。

「おまえの兄たちは、もはや兄ではない。

かれらは国の配分を不服として、おまえに敵意を隠そうとはせぬ。一方はトゥーラーン、一方はルームの地から、二人とも軍を率いて攻めたてると申しておる。もしおまえが戦うつもりなら、宝庫の扉を開いて用意を整えるがよい。朝食のとき、断乎たる心で酒杯をもっていなければ、兄たちはおまえの朝食はおろか夕食までもおまえに代わって食べてしまうであろう。しかし、おまえが愛をもってかれらに接しようとも、ただかれらを増長させるにすぎぬであろう」

イーラジは慈しみ深い正義の父王に悲しげに答えました。

「おお、父上！　なぜこの世にあって、われわれはうらみの木《こ》の実《み》をまき育てなければならないのでしょう。なぜ愛と信頼のうちに、短い生涯を終わろうとしないのでしょうか。人間の生命《いのち》は、はじめは宝のように美しく輝いていても、ついにはレンガを枕として土の上に屍《しかばね》を横たえるのです。

わたくしは王位も王冠もけっしてほしいとは思いません。もし父上がお許しくださるなら、わたくしは兄上たちのもとに行き、お二人の心を慰めて、うらみを忘れてくださるよう話してみましょう」

「いとしい賢明な息子よ、兄たちが戦闘を求めているのにおまえは祝宴を求めている。敵に愛を送って何になろう。かまれることを承知で蛇の牙に身をさらそうというのか。しかし、おまえの決意は固いとみえる。したくをするがよい。そして無事にかえってまいるのだぞ」

「この現世《うつしよ》で、人間は何を望むのでしょうか。この世において富も財宝も権力も名誉もほしいままにした王は、今までにも多く、これからのちも数かぎりなく現れるにちがいありません。しかし、現世はわれらに何をしてくれるのでしょうか。ついには死の苦痛と、土のしとねを与えられない者が一人としているでしょうか。あれほど公正慈愛の王としてたたえられたジャムシード王でさえ、悲しいご最期をとげられました。この世に望みをかけて何になりましょう……」

このように語る賢明なイーラジのことばは父王の心を深く動かしました。しかし、父王はなお兄王子たちへの疑惑を捨てきれず、数人の従者を王子のために選び、一国の王として、また人間としてわきまえるべき道を説く書面をしたためて、イーラジに託しました。

非業の死

世界の王ファリードゥーンが二人の息子に宛てた書簡。

「わが二人のいとおしい息子よ、二人の賢い勇気ある王者よ、高々と昇る二つの太陽であるサルムよ、トゥールよ、予にとってこの世の王座にも王冠にも勝るものは、三人の息子の愛と、かれらの喜びにあふれる心である。

おまえたちの挑戦を受けたイーラジは、父の書状をもって父のかわりにおまえたちのところにまいる。

彼は王座をおりて、おまえたちに服従するというておる。二人の王よ、苦しみ悩む弟をいたわり、愛を注いでやるがよい。数日を楽しく共に過ごしたなら、この若者をまちがいなく父のもとへ送り返してほしい」

書面にはうるわしい王の印章がおされています。

イーラジが兄たちの居城に近づいたとき、かれらはすでに全軍を率いて待ちかまえていました。愛情に満ちた弟の顔が晴ればれと輝いているというのに、兄たちの胸には嫉妬と不満の黒雲がうずまいて、額《ひたい》には悪意のしわがふかくきざまれています。

弟の身のまわりにあふれこぼれる善意の光！　全軍の将兵がイーラジに親愛のまなざしを注いで、だれもが心の中で、

「あのお方がイーラジさま、世の王者にふさわしいお方！」

とさけんでいるさまが、不安げに見守る二人の兄には手にとるようにわかりました。

型どおりのあいさつがすみ、末弟が宿舎に入ると、早くも長兄サルムの胸には新たな妬みの炎がわきあがります。かれはトゥールにこういいました。

「トゥールよ、兵たちのようすに気づいたか？　何ということだ、かれらがイーラジに向けていたまなざしには、愛が満ちみちていたではないか。イーラジを迎えたあとでは、すっかりようすが変わっていたぞ！」

気の荒い弟をそそのかして、イーラジを亡きものにしようと計ります。心の清らかな末弟には安らかな眠りの夜があるというのに、二人の兄は終夜眠ることもできません。

朝の輝く陽《ひ》は三人の兄弟の上に昇りました。

二人の兄が大陣営をおいた荒野には、数えきれないテントが張りめぐらされていま す。中でも広やかに色鮮かな三つの王者のテント——そのうちの一つ、末弟イーラジの寝所に、兄たちは愚かな暗黒の心を決めて入っていきました。

かれらを迎える晴ればれしいイーラジの顔。次兄トゥールは声を荒《あら》らげてこういいました。

「おまえは、わたしたち二人より年下でありながら父王の賜る王座に座った。おまえにとっては長兄のサルムがルームの国の、わたしがトルコの国の奴隷だというのか。わたしたちがイランよりはるかに不毛な国を治めるのにどれほど苦しんでいるか、おまえは考えたことがあるまい。父王はおまえばかりをだいじに思っているのだ」

イーラジはこの兄たちへの敬愛の心を変えることなく答えます。イランの王座、王冠はおろか、勇猛な軍隊も、光輝く宝庫も、かれにはすでに何の価値もないものになっています。

兄たちの領国、ルームも西方の諸国も、トルキスターンもシナも、いかなる地上の王権も、この世にあるすべてのものは、生命《いのち》があるあいだの物にすぎない。王者も貧しき者も、死ねばただひとにぎりの土になることをイーラジは知っているのです。

「兄上方に、わたくしの王冠と王の印章をお渡しします。どうかわたくしを憎まないでください。わたくしは兄上方の心を苦しめて世界を治めるつもりはありません」

弟の心が月の光のように汚《けが》れないものであればあるほど、トゥールは怒り狂っていきます。

生命が惜しくなったのか！　いまさら、王位王冠をさしあげるとは何事か……トゥールは今まで座っていた黄金の椅子——自分の体のぬくもりがのこっている重い椅子をイーラジに向かってふりあげます。

今やイーラジも兄たちの真意をはっきりと悟りました。

「兄上方、神をおそれないのですか。

わたくしを殺せば、その罪があなたをどれほど苦しめることでしょう。あなたの心の衣服が、わたくしの血で染まるのですよ。

神の目には地上の小さな穀《こく》つぶを運ぶアリにもひとしいわたくし——そのわたくしを殺して何になります。あなたは世界の王位を求め、わたくしがイランの王位を譲った今、あなたはそれを手に入れました。

あなたのなさる事は、世界の主たる神の御心にかなう行いではありません。そして、父上のこともお考えください。お年を召した父上がどれほどお嘆きになるか……」

どのようなことばも、今は、トゥールの耳をただ通りすぎていくばかり、いや、イーラジの口にするどのことばもトゥールの怒りの炎をあおりたてるばかりでした。トゥールは長靴に隠しこんでいた短剣をぬくと、罪もない弟の胸に刺し通しました。やさしく心清らかな糸杉は紅《くれない》に染まって倒れました。

これこそは「めぐる天輪」のいたずら――一つの生命をこの世に送りだし、かれに気高い美しさを与え、父王の慈愛のもとに幸福な幾年月を過ごさせたあげくに、天はイーラジのためにこのように無惨な最期のときを用意していたのです。

若き王子の衣は裂けて、バラの花びらを思わせたほおは、今は血に汚れています。

「これがイランの王冠をいただく者の首だ。

王座でも王冠でも、この首にくれてやるがよい！」

残虐な二人の兄は弟の首をはね、麝香《じゃこう》とリュウゼン香（香料の一種）とともに絹布に包み、父王のもとに送りました。高貴な香りは生命のない首をただむなしく香らせるだけでした。

老いたファリードゥーン王は、こみ上げてくる不安を胸に収めて、道のかなたをじっと見つめています。すでにじゅうぶんな日数が経ったのに、イーラジはもどってこない。何か不幸なことが起こったのでなければよいが——この気がかりをうちけすために、王は楽士を集め宴《うたげ》の用意をすっかりととのえて、自ら出迎えのしたくにかかります。

一陣《いちじん》の黒い風——それははるかかなたにまき上がる砂ぼこりです。

王は馬を走らせました。わが子はどこか！

使者は駿足のラクダをとめて、悲しげに黄金の筐《はこ》を王の前に置きました。使者の顔は青ざめ、申しあげるべきことばも、干からびたのどもとにとまっています。ふたが開くと、血に染まった綾絹《あやぎぬ》、そしてその中からあの美しかったイーラジの首がでてきました。

王は鋭いさけび声をあげて馬から落ち、兵たちは着衣をひき裂いて悲しみました。帰還を祝うはずの王宮の宴の場は、たちまち嘆きの声に満たされてしまいました。黒い土が玉座にかけられました。象は喪章の帯をつけ、馬は青く染められ、旗はひき裂かれます。

イーラジの宮殿、イーラジの花園、イーラジの糸杉、愛する子を想いおこさせるすべてのものを、王は焼き払い、この世の喜びから目をとじてしまいます。王は髪をかきむしり、自ら顔面をうち血を流しながら、いとしい子の首を胸に抱きしめました。

「おお、神よ、何というむごい姿！　罪なき者に、このような死を賜るとは！

ああ、いとしき子よ、おまえがこのように死ぬならば……人の心をもたぬ二人の兄に、神の呪いが下るがよい。

神よ、あの二人の肝臓を鉄串で突き刺し、業火《ごうか》で焙《あぶ》りたまえ。老いた父の胸を裂く悲しみが神の御心ならば、神よ、願わくばイーラジの子ども、そのまた子どもに、天下にまれな武勇の者がでますように。

ああ、イーラジのかたきを討たしめたまえ。そのときまで、この老いの身が世に存《なが》えることを許したまえ」

嘆きはあまりにも激しく、涙はとめどなくそのほおを伝い流れたので、王の目は光を失い、王の胸もとには悲しみの草が生えたといわれています。

イーラジの孫マヌーチェフル

それから、長い年月が過ぎましたが、イーラジの首をかき抱《いだ》いて天に悲しみのさけびをあげた老王は、まだイランの玉座についておられます。天なる神の加護を願い、イーラジのかたき討ちを誓った心はすこしも変わっていません。

天はイーラジにひとりの幼い娘を与えていましたが、娘はやがて成長して夫を迎え、二人のあいだに王となるにふさわしい輝くばかりの男の子が生まれました。

「王さま、イーラジさまがお生まれになりました！」

思わず乳母がこうさけぶほど、その男の子はイーラジに似ていました。しかし、曽祖父である老王には、うるわしいこの子が見えません。――あの悲しみが老王の目から光を奪ってしまったからです。

「ああ、神さま！　わたくしの目に光をお返しください」

老王は暗闇の中に手さぐりして曽孫を抱くと、神に祈ります。神はその願いをききとどけたまいましたから、うつろに開く老人の目は熱い涙にうるおって光をとりもどしました。

ああ、何という明るい世界でしょう。老王はその光彩の中に、光よりなお清らかに輝く幼い生命《いのち》を見い出しました。

この子どもには「マヌーチェフル」（天国のほお）という名がふさわしい。王子を抱いて土の上を歩いてはならぬ、風に当ててはならぬ、烈《はげ》しい陽《ひ》ざしから絹のかさで守らなければならぬ——老王は乳母やおつきの者たちに命じます。

年老いたファリードゥーン王はこの曽孫に、さまざまな国の宝を与えます。目もまばゆい黄金の玉座、トルコ石の王冠、黄金の飾りをつけたアラビア馬、宝石をちりばめたインドの剣、ギリシアのかぶと、シナの楯、ヒョウの皮の大テント——これらの宝は、イラン国王の徳を慕って世界の国々から送られてきたものですが、今は何よりの宝もの、マヌーチェフルがいます。

王はこの幼な児の成長だけを楽しみに、この世に生きているのです。こうして年月《としつき》は流れていきました。

マヌーチェフルも、今は見上げるばかりの若者になっています。時には苛酷な仕打ちによって私たちを嘆きの底につき落とす「めぐる天輪」も、不思議なことにこの王子に対しては、慈しみのまなざしを投げかけているかのようです。

青年王子をとり囲む武将たちは、いずれも劣らぬ豪傑ぞろい――カーヴェの息子、あの蛇の王に勇敢にたち向かったかじ屋のカーヴェの息子もいます。名門ナリーマン家のサーム、怒れる獅子の異名をもつシールウィー、酔象《すいぞう》といって敵に怖れられるシャープールもいます。これら武将の集まる宮殿は、きらめくかぶとの波がさかまくよう。しかし、その中にひときわ目立って、怖れをしらない王子の晴れやかな姿が見られました。そしてだれの心も思うことはただ一つ、亡きイーラジ王のかたきを討とうということでした。

一方、不満と妬み心から弟を殺した二人の兄、ルーム（ギリシア）と西方の王サルムと、トルキスターンとシナの王トゥールのようすはどうでしょうか。

あのとき、黄金の椅子をふりあげ、生命乞《いのちご》いをする弟イーラジの胸に刃《やいば》を突きたてた二人の兄は、父王のもとを訪れることもできず、長い年月をそれぞれの国で過ごしています――が、やがて、イーラジの孫にあたる王子がイランの王座を継いだこと、青年は王イーラジに生きうつしで、知勇ともにすぐれ、国民の信望も厚い、といううわさが二人の耳にはいってきました。

壮年の力もすでにかれらにはありません。胸にある罪とがのおぼえは怖れにかわり、いまにもかたき討ちの大軍が押しよせてくる、と思うと夜もおちおち眠れません。父王にゆるしを乞うほかはあるまい、――意見が一致して二人の悪者は、雄弁な二人の使者を選びだし、かれらに父王への謝罪のことばをいいふくめて、数頭の象とともにイラン国へ送りだしました。象の背には、金、銀、毛皮、絹、麝香《じゃこう》にリュウゼン香、といった数えきれない高価な贈り物が積まれています。

二人の使者は、ファリードゥーン王の足もとにひざまずくと、二人の非道な王が教えたよりはるかに雄弁なことばを選び、礼をつくして父王におわびします。

「ああ、わたくしたちがあのように非道な行いをしたのは、悪神アハリマンの誘惑に迷ったからでした。しかし今は罪の恐ろしさにうちふるえて、心の底から後悔しております。

父なる王よ、どうかわたくしたちをお許しください。もし父上がイーラジの孫マヌーチェフルをお送りくださるなら、わたくしたちはかれのまえに奴隷のように立ちつくして、あの苦しい想い出を贖罪の涙で洗いながす覚悟でございます」

年老いた王は、かすかな笑いを顔に浮かべて、使者のことばに耳を傾けておられます。愛し児を失った苦しみと悲しみのため、ついにはそこから嘆きの草が生えたファリードゥーン王の胸――その胸の内にはかすかに燃え続けてきた小さな炎のような憤りがあるのです。

王は、かたわらにいるういういしい若木のような曽孫の姿をみやりながら、つぎのように申しきかせました。

「愚か者は、愚かなことばをはくものじゃ。

わしは、おまえたちの手によってイーラジを奪われたが、このたいせつなマヌーチェフルまで失うことはせぬぞ。

マヌーチェフルを呼びよせてどうするつもりか、それがわしにわからぬと思うておるのか。わしは、いたずらに嘆きの涙を流しておったのではない。いかにもマヌーチェフルをおまえたちのもとへつかわそう――だがそれは、祖父イーラジのかたきを討つために、イラン国中の剛勇の将兵を供《とも》として率いてまいるのじゃ。

わしが今日までこの復讐をのばしてきたのは、父親たるわしが二人の子と戦うことを望まなかったからのこと。

おお、神の御心もしらず、何というたわけたいいわけを申しおこす小悪人なのじゃ。おまえたちの父は、老いたりとはいえなおこの世にある。老いの生命のただ一つの願いは、わが子イーラジのかたきをマヌーチェフルに討たせることなのじゃ。

使者よ、以上のことをひとことも違《たが》えずに、二人のうつけ者に伝えるがよい」

マヌーチェフルをかたわらにおいた老王のことばは凜として、並びいる武将や、玉座を守る象や獅子の頭上をながれていきます。

使者たちはふるえあがりました。厳しいおことばは、われらの二人の主人の昔の罪を、けっして許していないことを明らかにしています。それに、主人とはいえサルムとトゥールに罪があることは使者にも分っているのですから。

ファリードゥーン王のことばを使者から聞いた二人の王は、顔色もあおざめて身のふるえもとまりません。

世界に名高いあの牛頭の矛の勇者ファリードゥーン王の英知、かたき討ちを志す若獅子の勇気——王と王子が率いるすさまじいばかりの軍勢！

この上は一刻のゆうよもありません、二人の悪者はふたたび父王に向かって戦う決意を固めました。

復讐

サルムとトゥールの両軍がオキサス川を渡ってイランへ進軍を開始しました。

この知らせを受けるとファリードゥーン王は、マヌーチェフルを呼び、復讐の戦いを開くときのきたことを告げました。若者の声はりりしくひびきわたりました。

「おお、大祖父《おおおおじい》さま、あなたに手向かう者はだれであれ、その者の生命《いのち》はありません。わたくしはギリシアの鎖かたびらに身をかためております。祖父イーラジのかたきを討つまでは、わたくしはこのよろいをぬぎはしません」

美しく宝石を飾った旗が王の幕舎にひるがえりました。国中の武将兵士らが、王の旗を目指して波のように集まってきます。天にこだまするときの声、猛《たけ》りたつアラビア馬のいななき、武具をつけた三百頭の象が大地を踏みならす音——この勇壮な光景には、天の一角もくずれおちるかと思われるほどです。

騎士三十万の先頭には、あのかじ屋のカーヴェの旗がたてられます。剛勇の武士たちは獅子を思わせる気勢、手に手に青く光る剣を握りしめます。

若き王子マヌーチェフルを中心に、キジのように飾った武将たちが荒野を埋めたさまは、まるで婚礼のにぎわいのようであったと伝えられています。

王子はあすの戦いを前にして宴の用意をさせます。楽士は壮麗な曲を奏し、酒杯には紅《くれない》の酒が注がれて、戦場に夜はふけていきました。

翌朝、マヌーチェフルのギリシアのかぶとに陽《ひ》の光が輝くと、両軍はときの声をあげてぶつかりました。

高らかなラッパ、太鼓の響き、進軍を合図するほら貝の音。林のような槍は雲までとどき、荒野は赤いチューリップにおおわれたのでしょうか。大地は大波にさらわれたように、一度は右へ、一度は左へと大きく傾くのかと思われました。

運命はけっしておなじほほえみ方をするものではありません。「めぐる天輪」がもてあそぶ幸運は、かつて弟イーラジを殺害したトゥールの上から、若獅子マヌーチェフルの上に移っています。しかし、邪悪なトゥールはなおも天命に逆《さか》らい、闇の黒布を利用して夜襲をかけようとします。

あの若者め、まさか夜戦の用意はしていまい。

しかし、トゥールの生命に残された時間はすでにつきていました。「めぐる天輪」はあまい蜜のかわりに、にがい胆汁を彼のために用意していたのです。夜襲をかけようとひそかに兵を集めたトゥールの前に、マヌーチェフルの一隊が現れました――先頭にかじ屋のカーヴェの旗をひるがえして。

このようにして、不意打ちをかけるはずのトゥールが不意打ちをかけられて、邪悪な王の背にマヌーチェフルの投げ槍が突きささったのです。

トゥーラーンとシナの王であったトゥールの首は、父ファリードゥーン王のもとへ送られました。使者は目に涙をうかべ、胸に悲しみをいだいて老王のもとにまいりました。いかに邪悪の王とはいってもわが子にかわりはありません――その首を見る父親老王の嘆きを察していたからです。

長兄のサルムは、蛇の王として怖れられたあのザッハークの孫に援助をもとめていました。

しかし「めぐる天輪」の味方がなければ、ザッハークの子孫であろうと天下の王であろうと、ひとたまりもありません。ついにサルムの首も槍に突かれて、戦場の風に高々とさらされてしまいました。長い苦しい戦いの終わりです。

マヌーチェフルは、西方の国、ギリシア、トルキスターン、そしてシナの罪なき人びとを許しました。正義と慈悲の王子は、さらに罪ある人びとをも許します。悪心を捨てて善良な生活にかえるように教え導いて、すべての人びとを許したのでした。

老王の悲しみ

戦いに勝ったマヌーチェフルは兵をつれてイランへもどります。王子の帰還の道は笛、太鼓、そのほかの鳴り物でにぎわしく飾られて、象の背に置いた玉座に若武者は座っています。

曽祖父ファリードゥーン王は王子を宮殿に迎えいれると、このたびの戦勝を神に感謝し祈りをささげます。それから、かたわらにひかえる勇将サームをかえりみてこういわれました。

「そなたの剛《つよ》い腕にこの曽孫《ひまご》を託そう。

予はまもなくこの世を去るのだから」

老王は、こうして玉座をマヌーチェフルに譲り、その後見をナリーマン家のサームに命じると、今は王でないただ一人の人間として、天なる神に祈りをささげるのです。

「神よ！　わたくしの心からの感謝をお受けください。

あなたは、わたくしに冠《かんむり》と印章を賜りました。あなたは、わたくしのこの世での仕事をお助けくださいました。あなたのご加護によって、わたくしは世に正義を広めることができました。あなたのお力によって、わたくしの地上の望みは達せられたのです。

神よ、あなたはあの二人の邪《よこし》まな者にも報いを賜りました。わたくしは御心によりじゅうぶんな寿命を賜り、三人の子の生命《いのち》より生《い》き存《なが》らえた今、このけなげな若者に王座を譲り、この世を託しました。

ああ、神よ、わたくしをみもとにお召しくださらんことを」

老王はマヌーチェフルに黄金の玉座を譲り、自ら曽孫の頭上に王冠をおいて、善き王が守るべきことどもを伝えました。

また王は戦勝によって得た多くの宝物を、勲功ある者に分け与えられました。

王はこうして俗世から身をひくと、人びととの交わりを避けて、神がその生命《いのち》を召したもう日まで、悲しみのうちに過ごされました。ただひとり住まう老人の日々を見守るものは、生命のない三人のわが子の首だけです。

五百年のあいだ王座についていて善政をしいたファリードゥーン王は、大樹《たいじゅ》が枯れるようにその生命を天に返しました。

V　英雄時代

一　霊鳥に育てられた幼な児

白髪の幼な児

曽祖父ファリードゥーンが、その曽孫の王子マヌーチェフルに王座をゆずったとき、この青年王の後見役としてナリーマン家のサームという武将を選んだことは前に述べたとおりです。

サーム一族は知恵と勇気によって天下にその名を知られ、王家からは厚い信頼をよせられていたのです。そしてイランの人びとも名門ナリーマン家を愛し敬っていましたから、この一族のどこかの家に長男が生まれると、すべての町、すべての村では、七日七夜のあいだお祝いの宴《うたげ》が続くほどでした。

ところが一族の長《おさ》であるサームには男の子がいません。くる年もくる年も、サームは息子の誕生を待ち望んで、神に祈りをささげていましたが、これぱかりはどうすることもできませんでした。

イランの敵国はこのことをひそかに喜んでいます。というのも、武勇にすぐれた一門が絶えてしまえば、強国イランも怖るるに足らず、その時こそは……と機会をねらっていたのです。

ある年、神はサームの真心からでた願いを聞きとどけられたのでしょう、憂い顔のサームの眉が明るく開かれました。子どもをさずかることを知ったからです。サームの喜び、一族の期待、イランの人びとの安堵はどれほどでしたろうか。

「男の子だとよいのだが!」

「健やかに生まれますように」

イラン中のすべての人びとにとって、一日一日が一年のように感じられる待ちどおしさでした。

そして――誕生の日、産屋から元気な赤ん坊の泣き声がとびだしてくると、七人の侍女は乳母とともに、新たな生命《いのち》――だれもが待ち望んでいたこの子をとり囲みました。

「坊やだわ！」

「まあ、髪がまっ白！」

天がサームにさずけた跡とり息子は、生まれながらに白髪《はくはつ》だったのです。

女たちはまるで老人のような髪をした子どもに腰をぬかさんばかりです。

「でも、なんてかわいいのでしょう！　まっ黒なおめめ……この髪のように、体中が銀色に光っていますわ」

たしかに、髪が白いことを除けば、この生まれたばかりの子どもは、全身輝くばかりの美しさです。賢い深い光をたたえた目は、すでに人の心を理解することができるのでしょうか。そして、天をつかむようにさし上げるこの子の両腕は、「めぐる天輪」が人の一生にしかける難儀をはねのける力にあふれているではありませんか。

乳母はさわぎたてる侍女たちをしずめるとこういいました。

「部屋の扉をしっかりとお閉《し》め。そして、わたしのいうことをよく聞くのだよ。この坊やが白髪であることは、ひとこともいってはいけません。ご主人さまに何と申しあげるか、わたしが考えてみるから、それまではだれにも、何もいってはいけないよ！」

乳母と侍女のほかはだれひとりとして、サームまでが、この白髪の子どもの誕生を知らされないあいだに、七日が経ちました。――どうしよう、なんといってサームさまにお知らせしよう？　しかし、だれにもよい知恵は浮かびません。

七日目の夜が明けたとき、乳母は主人サームの部屋へ入っていきました。

「お心のひろい世の勇者サームさま！　お喜びくださいさい。奥方さまは、男のお子さまをお産みになりました」

「おお、息子か！」

サームの顔面は喜びの紅《あか》い血潮に染まります。

「はい、たしかに美しい、りりしいお子さま。あなたさまがお望みのとおりの、健やかな男の子でございます。体は、汚《け》れ《が》を知らぬ白銀のように輝いて、ほおは天国の花びらのような紅《くれない》の色。髪は……髪はジャスミンの花のように……」

「なに、ジャスミンの花の色！」

「はい、ジャスミンの花のように香りもゆたかな髪、そしてあの花どおりの白い色をしておいでです」

乳母は心をおちつけて天を仰ぎ、神に祈りをささげてから先をつづけます。

「地上の英雄であるサームさま、

天なる神がさずけたもうたお子さまでございます、お喜びなされませ……」

父親サームは産屋にかけつけます。たしかに、ジャスミンの花の色をした髪！　顔や手は陽《ひ》にかがやく銀細工のように美しく、黒々としたひとみ。しかし、百歳の老人のような白髪の子！

「おお神よ、何ということか。黒いひとみに白い髪とは！」

サームは天を仰ぎ、地にひれふします。

これは神がくだされた罰なのか。

「神よ！　もしわたくしが罪を犯したのでしたら、お許しください。わたくしは悔い改めましょう。しかし、友人や一族の者たちの前で辱《はずかし》めを賜ることはなさいませんよう！」

サームは白髪のわが子を見ると恥ずかしさで身がふるえます。あしたになれば、大勢の友人、親族の者たちがこの子どものお祝いにやってくるだろう。そして、黒いひとみと白い髪を見る！

「わたしは何と答えよう。

これは悪魔の子、黒と白のまだらのヒョウ、と答えるのか……。

客はこの不吉な子を見てささやくであろう。父親のわたしをあざわらうにちがいない。

友人や親族だけではない、国中の人びとが、そして敵国の者どもが、イランの名門ナリーマン家を、サーム一族を軽蔑するのだ。

おお、天がくだされた不幸よ！

わたしはこの国を出ていかなければなるまい」

サームは、できることならば神を呪いたかったことでしょう。この剛勇の武将の目の前はまっ暗です。全身はぶるぶるとふるえています。

やがて、かれはつぶやくようにいいました。

「いや、それにちがいない。

この子は、わしの息子ではない。悪魔の子であろう……」

サームはたちあがりました。大声をあげて、命令をくだします。

「この悪魔の子を、どこへなりと連れていけ！　人の目に触れぬところへ連れ去るのじゃ！」

サームが待ち望んでいた喜びの一日は、深い悲しみのうちに暮れていきました。

夜の闇が人間の眼から光を奪うころ、二人の騎士が、小さな荷をわきにかかえてサームの館を出ていきました。二つの黒い影はいく日もいく夜も、風のように稲妻のように野山を走りぬけて、やがてエルブルズ山脈のふもとに着きました。

エルブルズ山脈は、標高約五千六百メートルの主峰ダマーヴァンド山の頂《いただき》に万年雪をおいて、イランの北辺に延々とのびています。その向こう側が現在のカスピ海ですが、古代の人びとは、それを大地の果てにあるウォルカシャ海と考えていました。

太陽が西の空に傾きはじめ、エルブルズ山脈の岩膚《いわはだ》がすこしずつ影をまして——夕方、陽が西方の山にかかるころ、万年雪は朱《あけ》に染まります。陽はたちまち地の果てにのみこまれ、エルブルズ山脈は夜の闇にとじこめられてしまいます。

地の果てとして怖れられていたこの山脈のどこかしれぬ頂に、神の使いである霊鳥スィームルグが住んでいるといわれていました。この霊鳥をおそれて人間はもちろん、地を走る動物も、空をとぶ鳥も、そのあたりに近づくものはありませんでした。

サームの館を発ったふたりの騎士は、この山のふもとに突き立つ岩と岩のあいだに白髪の幼な児をおくと、後も見ずに逃げかえっていきました。

「めぐる天輪」は跡継ぎを待ち望んでいた武将サームに子を恵み、その子どもに白髪《しらが》を与えたのです。罪もない生まれたばかりの生命は、イランの名家の美しい館の中で、優しく絹布にくるまれて乳をのむかわりに、固く粗い岩のあいだにおきすてられました。人の子として名まえを与えられることもなく、白髪の幼な児は二日のあいだ山から吹きおろす風の中で泣いていたのです。

霊鳥スィームルグ

三日目のことでした。

霊鳥スィームルグが、ひなたちのえさを求めて山頂からとびたちました。広々と羽を広げて舞いあがると、山の片側がその影に入ってしまうほどでした。やがて、スィームルグはふもとの岩のあいだに、泣いている赤ん坊をみつけました。

「おお、これはよいえさをみつけたぞ！」

しかし、巣へ持ちかえったこの白髪《はくはつ》の子を、スィームルグのひなたちは食べようとしません。銀色に輝く美しい赤ん坊の膚《はだ》を、ひなたちはやわらかい羽毛であたためるのです。

スィームルグの胸に、やさしい親の心がわきおこってきました。

「森のヒョウでさえ、子を捨てないというのに、この人間の子どもには乳母も母親もいない！　この子の乳の代わりになるものをさがしてこよう」

こうして、親鳥がえさをさがしているあいだは、ひなたちが陽《ひ》に輝く子どもの白髪をなでつけ、涙を羽毛でふいてやります。親鳥はやわらかい肉の汁だけを吸わせて子どもを育てます。

サームが捨てさせた白髪の子は、スィームルグのひなたちといっしょに、まるでかれらの弟のように山の頂の巣の中で成長していきました。

それから長い年月が経って、あの幼な児も、今ではりっぱな青年になっています。霊鳥スィームルグは青年に、人のことばやさまざまな知識をさずけました。また時には自分の背に青年を乗せて狩りに出たり、人間の世界を見せることもありました。

ある年のこと、道に迷った三人の旅人が、霊鳥の山のふもとまでたどりつきました。

「おおっ！　スィームルグの巣だ！」

彼らは山のいただきにうるわしい巣をみつけてさけびます。しかも、その巣のわきには、一人の青年が立っているではありませんか。若者は黒白まだらのヒョウの毛皮を腰にまとい、大弓をかけたたくましい肩は輝くばかり、そして、ああ、白銀の稲穂のように長い白い髪が風になびいて背から腰へゆたかにながれているのです。

三人の旅人は、山頂に立つ気高い不思議な若者の姿が忘れられず、あちらの町、こちらの村で会う人ごとにその話をしたものです。うわさはたちまちイラン国中にひろまって、ついに英雄サームの耳にも入りました。

月のない、ただ星だけが暗黒の空にきらめく夜でした。

白昼の光の下では、他愛ないうわさを否定できる心にも、その昔、息子を捨てた罪、おそれがしのびこんできます。サームの眠りは浅く苦しいものでした。自分がめざめているのか、それとも砂漠のまん中で、蜃気楼を見ているのか、サームにはわかりません。

そのかなた、はるばるインドの方角から、アラビア馬を駆《か》る一人の男があらわれてたちまちサームの前に馬をとめると、

「息子は生きているぞ」

とさけぶなり、また疾風のように馬を駆って消えてしまう——

サームは目がさめました。かれはすぐさま司祭らを館に呼び、夢のこと、そして天からさずかったわが子を捨てた恐ろしい話を打ちあけました。

「幼な児が、あの山中で生きていられるとは思えないが、しかし、あまりにもはっきりと、今もこの耳の底にのこっているあの夢の中の男の声——わが子は生きているのか?」

席に集まった司祭たちは口をそろえて答えました。

「うわさの青年はお子さんにちがいない。おお、罪深い行いよ! 神にゆるしを乞われるがよい!」

サームは地に伏して、神に謝罪の祈りを捧げます。しかし、どのように祈ろうと、子を捨てた罪がゆるされるものでしょうか。かつて子の白髪を恥じた心が、今は神へのおそれでいっぱいになっています。

サームは旅のしたくを整えて、エルブルズの山へ旅立ちました。

山脈は北辺の地の果てにそびえて、はるか遠くに見えます。子を捜す親のもどかしさ、行けども行けども、嶮《けわ》しい山の姿は近づくとも思えません。旅の疲れ、それ以上に神をおそれる心労が重なって、ある夜のこと、頭の中は泥のように重く沈み、眠りこんでしまったとき、サームはふたたび夢をみました。

インドの山に旗がひるがえり、一人の若武者が大軍をしたがえて現れると、こうさけびます。

「白髪の息子に愛を与えず、息子の白髪を家名の恥じとして、罪もない生命《いのち》、神の賜物を捨てたのは、おまえだな！　見よ、おまえの髪も、今はまっ白ではないか」

サームは悲鳴をあげて、目をさましました。

目の前にエルブルズの山脈は、巨大な岩石を屏風のようにつき立てて、頂《いただき》は暁天《ぎょうてん》の星にまでとどいています。その頂に、夢のような宮殿を中空に築いたかと思われる、みごとな霊鳥の巣が見えます。巣とはいっても、小枝や土くれでできたものではありません。黒檀《こくたん》、白檀《びゃくだん》、きゃら木《ぼく》、そのほかの香り高い木で作られていました。そして、おお！　その巣のあたりに、サームによく似た顔つきの青年が立っています。

勇者サームは思わず地にひれ伏しました。

サームは神のみ業《わざ》を見る思いです。乳もなく、母もなく、火もないと思われるあの高みで、あのときの幼な児がどのようにして生きのびたのか。死ぬはずの者が神の御心によってりっぱな青年に成長しているとは！

しかし、あの夢の中の青年のさけびは、呪いではないのか——わが子に会えないという不吉なきざしなのではあるまいか。

その証拠に、従者たちがいくら捜しても、山頂への道はみつからないのです。

サームは地に伏して、神に祈りをささげました。

「神よ、罪深いわたくしをおゆるしください。天なるわが子を、地上におろしたまえ。おお、あの子は絹のかわりに野獣の毛皮を身にまとい、乳のかわりに生肉の汁を吸い、母ではなしに鳥によって育てられたのでしょう。

神よ、おゆるしくだされば、これからは邪《よこし》まな心を捨てて、わが子に愛をそそぎましょう」

全能の神は、年老いた父――今は息子のように白髪《はくはつ》になった父の祈りを哀れとおぼしめしたのでしょう、天より地に希望の光を投げ与えたまいます。

霊鳥スィームルグは、地にひれ伏したサームの姿を認めます。霊鳥は神の使者です。あの年老いた武人が青年の父であることがわかるのです。

スィームルグは青年にいいました。

「山のふもとにおまえの父、勇者サームがいる。おまえを迎えにきたのだ。わしはおまえを、父の手に返そう」

青年は、人として望むことのできるすべての知力、胆力、意志の力、肉体の力を、霊鳥スィームルグから授けられています。そしてなによりも、ただ泣き声をあげるばかりの幼児の時から、母のように育ててくれた霊鳥の愛が、この若者に伝えられています。

かれはスィームルグを親のように慕い敬っていました。スィームルグの背にのって、天空から地上を見ることのできた青年には、地上の富も権力も名誉もうらやましいものとは思われません。

この山頂の巣こそ自分の玉座、霊鳥の翼こそ自分の王冠――青年はそう信じて地上をはるかに離れて育ってきたのです。

「わが子よ！　勇気を出すのだ。

この高みは、おまえのいるところではない。おまえは地上の王国の勇者、今こそ人間の世界にもどっておまえの運命を試みなければいけない」

スィームルグは翼から一枚のみごとな羽根をぬくと、それを青年に与えました。

「この羽根を、はだ身はなさずもっているがよい。もしおまえの身に大事が起きたときは、この大羽根から小羽根をぬいて火にくべるのだ。

わしはすぐにおまえのもとに舞いおりていこう。

かわいい息子よ、わしのことを忘れるな」

霊鳥のことばは、青年に大きな運命を告げています。

かれはなつかしい山頂の宮殿に別れをつげると、スィームルグの背にのりました。

霊鳥は空高く舞いあがり、地の果ての山脈の全貌を青年に示したあとで、まるで春の雲のようにやすやすと地上へ舞いおります。あたりいち面は、天国の園《その》のような芳香に包まれました。

思わずひれ伏す英雄サームの前に青年は立っています。

「おお、鳥の王よ！　神より与えられた徳と力を、善きことにのみ使いたもう霊鳥よ！　わたくしの息子を育ててくだされた方よ！　人の道を誤ったわたくしをゆるしてください」

涙をながして見送る親と子、従者の者たちの視界から霊鳥スィームルグはたちまち天の奥へ消えていきました。

地上にわが子を迎えて、サームはその美しさに驚くばかりです。髪もまつ毛も銀白に輝いて、目はタールのように黒く、ほおとくちびるはバラの花びらのように紅《くれない》の色。そして霊鳥が授けたさまざまの貴い力が、青年に近寄りがたいほどの威風を与えているのです。

中空の太陽がかれらに祝福の光をおくると、青年の白髪は黄金のように輝きます。サームは若者に、ザール・エ・ザル（黄金に輝く白髪のザール）という名を与え、地上の王子にふさわしいりっぱな服と一頭の馬を与えました。

「息子よ、ゆるしてくれ！

わしはあの罪深い行いを心から悔いている。これからのおまえには、愛のほかは与えまい。だが、霊鳥スィームルグのおかげなのか、なんとりっぱなたくましい青年になったものよ！」

遠まきにしていた従者たちは、この親子をとりかこみ、祝福の太鼓、ラッパの音が高らかに空にひびきわたりました。兵士たちの歓びの声のあいだをぬって黄金《こがね》の鈴が美しくなりわたります。

今、英雄サームには、大きな志と、たくましい力にめぐまれた息子ザールが誕生したのです。

二　英雄の恋

ザールの恋

霊鳥に育てられたザールのすべてが、父サームの喜びの種でした。息子の知力、武器を扱う力、人としての情《なさけ》が、父親の自慢の種です。父は領地をザールに託して、イランのマヌーチェフル王の宮殿にあがることもあり、ときには王の命令で異国に遠征することもありました。

そんなある日、青年ザールは狩りに出かけます。ひろびろとしたザーブリスターン（現在のアフガニスタン南部）の野を、大勢の仲間や従者らと獲物《えもの》を追って行く楽しみは、青年の心を先へ先へとかりたてます。

心のおもむくまま気の向くまま、青年たちは野をかけ、疲れるとそこがかれらの酒宴の場になります。楽士の奏でる美しい音色、詩人のうたう歌、そしてテントをはって心地よい一夜を過ごすと、また翌日は別の方角に楽しみを追っていくのです。

カーブル――かれらはすでにメヘラーブ王の領土に入っています。この国は今では力弱く、ザールの父に貢物《みつぎもの》を納める小国ですが、メヘラーブ王の祖先には、あの残虐なアラブの蛇の王がいます。肩から生えた二匹の黒い蛇――あのザッハーク王の恐ろしい話を私たちはよく覚えています。

しかし今、このカーブルの国の王メヘラーブは、賢明勇壮な王、とくにうるわしい容姿を誇るお方とうわさされています。

メヘラーブ王は、白髪《はくはつ》の勇者ザールが自分の国の近くまで来たことを知ると大いに喜び、夜明けとともに、美しく飾った騎馬や奴隷たちを供につれて荒野におでましです。

贈り物には、山のような香料、絹織物、彩りも美しい宝石、首飾りが、馬の背を押しつぶすほどに積まれて、ザールを歓迎する一隊の勢ぞろい。

一方、ザールもこの礼儀正しい異国の王のもてなしに心を開いて、酒宴の席がもうけられます。甘美な酒と妙《たえ》なる楽の音《ね》が一座にいきわたります。

メヘラーブ王がなにより驚いたのは、白髪の青年ザールのすがすがしさでした。背丈は高く堂々と大地を踏んで、賢明な黒い輝くひとみ、紅色のほお、その全身にみなぎる力は、象も獅子もうちひしぐにちがいありません。このような息子がいたならば、全世界を手に入れることもできよう――メヘラーブ王は心につぶやきました。

やがて酒宴も終わるころ、メヘラーブ王は立ちあがります。ザールの黒いひとみがメヘラーブ王の姿にじっと注がれます。

「おお、神の恵みをうけたうるわしさよ」

思わず口をついてでるためいきに、友人が答えました。

「そうだ、あの王にはたしか美しい娘がいたはずだぞ」

その娘のほおは陽《ひ》のように輝いて、目は水仙の花のよう。まつげはカラスのぬれ羽色で、もし月の美しさを求める人がいれば、それは彼女のほおのうちに見いだされよう。香り高い麝香《じゃこう》は彼女の黒髪の中にあると人びとはうわさしている……。

ザールは生まれて初めて聞く、このような乙女の姿を心に描いて、青春の胸はさわぎ、眠りはかれから遠去かってしまいました。

翌日、メヘラーブ王はふたたびザールのもとを訪れます。荒野に張られた大テントのもとで、白髪のザールはふたたびメヘラーブ王をもてなしました。

王はこの礼儀にこたえて次のようにいいます。

「おお、ザーブリスターンの若者よ！

わたしにひとつ望みがあります。どうかわたしの城へおいでください。わたしの客になっていただければ、この国にとってどれほど名誉なことでしょう」

白髪の青年ザールは心をおどらせました。

昨夜かれの胸に宿った美しい姫に会えるのかもしれないからです。しかし、かれはこう答えます。

「王よ、ほかのことなら何でも聞きましょう。しかし、蛇王ザッハークの血をひく王の賓客となれば、わが国イランのマヌーチェフル王も、わが父サームもそれを喜びはしないでしょう」

『蛇王とは何ということば！』

メヘラーブ王の胸の中に怒りの炎があがりますが、ザールにはもてなしの礼をのべて城へもどっていきました。

せっかくの招きをことわったものの、青年ザールの心にはすでに、まだ見たこともないメヘラーブ王のうるわしい姫の姿がやきつけられていました。

王女ルーダーベ

ザールと別れて戻ってきたメヘラーブ王を、二人の美しい女性が迎えました。一人はメヘラーブ王の妃スィーンドフト、もう一人は、ただそこにいるだけで部屋中が明るくなるような美しい娘ルーダーベです。

妃はメヘラーブ王に、それとなく青年ザールのようすをたずねます。

「そのお方のおもてなしはどのようでございました？　鳥に育てられたというお方のふるまいが、人とかわりないのでしょうか。武人としてのたしなみを心得ておいででしょうか。

スィームルグという霊鳥が育てたのですから、玉座よりは昔の巣へ帰りたいのではございませんか……」

メヘラーブ王はザールの容姿とその心根《こころね》をほめたたえます。

「あの若者は、花ずおうの色にでもたとえたい紅のほおをして、心は広く、人の世のことに関わる見識も深く、知力もある。

両の腕はナイル川のような力を秘めていようから、ひとたび怒れば、竜のように鋭い爪をむき、サメのように猛り狂うにちがいあるまい。

玉座にあっては惜しむことなく黄金をほどこし、戦場にあっては容赦なく敵の首《しゅ》級《きゅう》を宙に舞わせるであろう。まこと牡獅子の心、象の怪力。

ただ、肌と髪がジャスミンのように純白ではあるが、その白さもあの若者にはいかにもにつかわしい。不思議な人物といえよう」

娘ルーダーベのほおはたちまち紅の色に染まります。父王の語る青年勇者の姿を、姫はすでに想い描いて、小さな胸に愛が芽生えたのです。

ルーダーベには五人の侍女がついています。彼女はこの五人にはどんなことも包みかくさず話すことができました。ルーダーベは、父王の話に聞いた青年ザールへの想いを侍女たちにうちあけます。

「わたくしはザールさまをお慕いしているらしいわ。あのお方のことを考えると胸のうちが苦しくなって眠ることもできないの。

どうしたらいいでしょう。どうしたら、あのお方に会えるでしょう」

侍女たちは姫君の思いがけない秘めごとを聞いて驚きます。

「なんということでしょう。あなたさまは七つの国に並びない気高い王女さまですのに、あの白髪の青年にお心を奪われておしまいですか。

世の名門貴族の青年たちがあなたさまを恋い慕っているというのに、父に捨てられ、鳥に育てられた、あの生まれながらの老人を恋していらっしゃる」

侍女たちのなげきが、いっそうルーダーベの心を燃えたたせます。

「わたくしの心は、あの星に捕われてしまいました。たとえ月のようなお方がほかに現れても、なんになりましょう。ローマ皇帝も、シナの天子も、わたくしの胸の中においでの勇ましい徳の高いザールさまにかないはしません」

はじめて胸にうけた恋の傷は深く、姫の告白は続きます。——世間の人がザールさまを老人と呼ぼうと何と呼ぼうと、わたくしの思いはあのお方の姿にひかれたのではありません。——わたくしの愛は、あのお方の心に魅入られたのです……。

侍女たちはあまりにもいちずな王女の恋に驚きながらも、その成就に力を合わせようと約束しました。

「あなたさまのひとすじの髪のために、わたくしたちの生命をささげましょう。わたくしたちに魔法の力があれば、あのお方をあなたさまのもとへお連れいたしますのに。

おっしゃってください、あなたさまのお幸せのために、わたくしたちに何ができるかを……」

時は春、イランの新年にあたるファルヴァルディーン月（三月二十一日〜四月二十日）でした。

メヘラーブ王と別れたザールは川のほとりの狩り場にテントを張っています。あたりは、春の花々の香りに満ちていました。

五人の侍女たちは川の向こう岸にザールのテントを見ながら、野辺の花を摘みはじめています。乙女らのはなやかな姿がザールの目にとまらないはずはありません。

『あれはどこからきた花々なのか』

そして彼女たちが、ひそかに想う姫君の侍女たちであることを知ると、ザールは心の想いを姫につたえる矢と、それを川の向こうに送る弓を手にして川辺に立ちます。供の小姓《こしょう》は気づかわしげにザールの後ろにひかえています。

水の面《みも》に一羽水鳥がおりてきました。

ザールは弓に矢をつがえて、狙いはその水鳥――さらに対岸の、はるかかなたの城の中の女《ひと》にさだめて放ちます。矢は鳥を射ぬいた勢いで、想う女《ひと》の侍女たちが花のような姿で花をつんでいる岸におちました。

ザールは小姓に命じます。

「あの鳥をとってまいれ！」

霊鳥に育てられた若殿につかえる小姓は対岸に渡り、鳥をさがしているうちに侍女たちに囲まれます。

「何をさがしているの」

「鳥です」

「どんな鳥なの」

「矢に射ぬかれた鳥です」

小姓はかわいい顔を草むらのあいだからあげて、美しい乙女たちを見つめました。侍女たちはいっせいに小姓に語りかけます。

「鳥を射たのはどなたで、その方はなぜこの川辺にいらっしゃるのでしょう」

「鳥を射たという矢の造りを見れば、わたくしたちにはその方の素姓がわかります」

ザールの小姓は答えました。

「矢を射たお方はこの世でもっともうるわしいお方。わたしの主人は勇者サーム・ナリーマンのみ子、ザールさまです」

「いいえ、この世でもっともうるわしいお方は、わたくしたちのお仕えするルーダーベ姫でございますよ」

それからなお、ザールの小姓とルーダーべの侍女たちのあいだに、自分たちの主人の美しさをたたえることばが限りなく続いたといわれています。

侍女のひとりが最後にこういいました。

「では、ザールさまとわたくしたちのルーダーべ姫が夫婦《めおと》になられたら、どんなにお似合いでしょう」

ふたたび川を渡ってザールのもとに帰った小姓は、矢が射ぬいた獲物以上のものを、白髪の若武者にもたらしたことになります。侍女たちがかわるがわる語ったルーダーべ姫の美しさ、気高さを……。

若いザールの心は燃えあがります。

恋とは、このようなものなのでしょう。二人はまだ出会ったこともないのに、二人の心にはなつかしさが芽生えています。ザールは川を越えて、侍女たちからもっと詳しくメヘラーブ王の娘のようすを聞き出さずにはいられません。

岸辺に咲く色とりどりの花より、さらに生き生きとしたうるわしい花々が、頭《こうべ》をたれて青年勇者を迎えました。

「わたくしたちのルーダーべ姫の美しさを語りつくすことはできません。髪は麝香《じゃこう》の黒、ほおは紅《くれない》、輝きわたる銀のような肌。

シナ（中国）の偶像も姫のうるわしさにはかないません。月も星も、姫をみれば恥ずかしさのあまりかくれることでございましょう」

ザールは姫にひと目会うためならば、どのようなこともしようと心に決めます。夜の闇にまぎれてメヘラーブ王の城へしのび入り、姫の部屋の窓の下に立とう、神はこの恋に恵みを与えてくださるにちがいない――かれは侍女たちと手はずをととのえました。

ルーダーベの侍女たちは青年ザールの若武者ぶり、優雅な物腰、そしてなによりも、姫に向けるひたむきな恋心に、だれひとりとしてかれのことを鳥に育てられた老人などという者はありません。

彼女たちは手に手に花を持って城に帰ると、自分たちが見たこと、聞いたこと、感じたことをすべて姫に話しました。

賢いルーダーベは、心に芽生えた恋にまちがいのなかったことを神に感謝し、小さな胸に固く決意します。

この目でたしかめよう――ザールさまこそ、神によって選ばれたわたくしの夫となる人なのだ……と。

夜——タールを流したような暗闇のマントが森も野も、王宮も王宮の庭もすっぽりと包みます。ルーダーべ姫の部屋にはり出した窓のところに、一人の小姓が立ちました。

この窓からは、はるかかなたからくる者の姿も、闇の中から現れる者の姿も、はっきりと捕えることができるのです。

やがて暗黒のひろがりに注がれた小姓の目に、ゆれうごき輝く白銀の髪——勇ましい騎士の姿がうつります。

ザールさまが！　という知らせに、ルーダーべの小さな胸に炎がひろがります。

窓辺に立つ姫。闇の中に輝く白銀の色はみるみる大きくなり、やがて窓の下におりたつ騎士。ああ、それは何という清々しい糸杉、何というたのもしい若獅子なのでしょう。

「ようこそおいでくださいました。

神の祝福があなたの上にありますように」

闇の空に月がのぼったかと思われる美しいルーダーべが、階上の窓辺からつつましく、しかし黒い瞳《ひとみ》に情《こころ》をこめてじっと青年を見おろします。まだ恋を知ったばかりの清らかな、甘美なまなざしです。

ザールは、その月をもっと間近に見て、その甘やかな声をもっと身近に聞きたいのです。

「あなたは月のように輝き、星のようにわたしの手の届かぬところにいます。どうかわたしをあなたの近くまで引きあげてください」

姫は、月のほお、匂う肩にたれる豊かな巻髪をとくと身の丈をこす長い黒髪をザールに投げかけます。髪は芳香をはなち夜の闇を生きもののようにすべって若武者の掌《しょう》中《ちゅう》におちます。

美女の巻髪は、恋を捕える投げ縄といわれています。姫の本意は、この縄を伝って昇ってきなさいということなのか、それともあなたの心はすでにわたしの巻髪に捕われたということなのでしょうか。

巻髪の香りに酔《よ》い心地《ごこち》をおぼえるザールに、供《とも》の小姓がさしだす縄——それを階上へ投げあげる恋の若者。縄はかれの情《おもい》が恋する女《ひと》にからむように窓辺のなにものかにからんで、ザールの姿はたちまち姫の部屋の中へ消えていきました。

姫の部屋にはシナの錦が敷かれています。さまざまな香料と、バラ、ジャスミン、ユリ、花ずおう……美しい色とりどりの花が、天国の庭かと思われる香りをたてています。杯《さかずき》には紅《くれない》の酒、黄金の皿には木々のみのり。しかし、何より目を奪うものは、姫その人です。漆黒の髪、黒く輝くつぶらなひとみ、やさしげなほお、さんごのようなくちびる、そしてその小さな胸のうちをもっともよく表すと思われる、恥じらいと決意のまじり合ったけなげな姿。

一方、ザールのうるわしさも、姫の心を捕えないわけにはいきません。はじめて見る恋人の美しさにわきたつ血潮が、青年のほおをそめています。青春にしかないときめきが、その場に立っていられない興奮と、しかしなお、じっと美しい花に見入る真剣なまなざしによみとれるのです。

やがて、ザールはこうことばをかけました。

「おお、うるわしい女《ひと》よ、わたしはあなたにお会いしたので、もうこの世のいかなる女性も妻に迎えることはできなくなりました。あなたこそは、わたしの妻となる人です。

しかし姫よ、わたしの父サームも、イラン国王マヌーチェフルも、わたしのこの決意を聞いたらさぞお怒りになるでしょう。

ああ、あなたはイランにとっては魔の王、ザッハークの子孫にあたるのですから」

喜びの頂上にいる姫の美しい目から、真珠のような涙がこぼれ落ちます。

姫は、恐ろしい祖先のことを知っていました。肩から生えた二匹の蛇、その蛇を養うために、毎日二人のイラン人を殺したという王のことを。

しかし、あの残酷な王とわたくしと、いったい何のかかわりがありましょう。父メヘラーブ王も母君も心のやさしいお方、現在のカーブルの国は小さいながら人びとは平和と幸福のうちに暮らしているではありませんか。

姫の目はまっすぐにザールを見つめて、さんごのような美しいくちびるから、はっきりと次のことばがでてきます。

「ザールさま、わたくしは神に誓ってしまいました。あなたの武勇、あなたの勲《いさお》しを耳にしたときから、わたくしの心はあなたをお慕いしていたのです。そして今、わたくしの目の前にお立ちになっているあなたを見て、わたくしの夫はあなたのほかにいないと確信いたしました」

その姿は花のようにやさしく、風が吹けばふるえるほどのかれんなようすのうちに、強い潔い愛が秘められているのです。

ザールは深く心を打たれて、かれの愛はさらにはげしいものになります。

ザールは公正なる神に祈って、イラン国王マヌーチェフルや父サームの心から、この姫の国に対する憎悪の念をぬぐい去ってもらうよりほかはない、と考えました。

「悲しまないでください、うるわしい女《ひと》よ。

清らの神がわたしたちに、必ず救いの手を差しのべてくれるでしょう。お心の広いイラン国王のお許しが得られるよう、わたしは力をつくしてみます」

二人の若く美しい恋人たちが、たがいに愛を誓い合ううちに、早くも一条の白い帯が東天に現れました。恋がめざめると、初めて会う日を待つ一夜は一年よりも長く、別れを惜しむ恋人たちの一夜は一瞬のうちに明けるものです。

恋のゆくえ

ザールの心はともすると重く沈みがちです。愛する父とイラン国王の心の内は、かれには手にとるように分っていましたから。

かれは考え悩み、ついにこの重荷に耐えきれなくなって、世間の知恵に通じ、人の心の奥深くを見通すことのできる賢者や司祭を呼びあつめました。

ザールはかれらを前にして慎重に、しかし勇気をもってルーダーベ姫への自分の恋を話します。

天なる神が世のあらゆる動物に両性を与えたもうたのは、子孫が生まれ、世に繁栄が絶えないことを願われたからであろう。ここに、もしサームの子たるわたしに、良き伴侶がみつからなければ、父の憂いはどれほどであろうか。

青年ザールはここで、メヘラーブ王の娘ルーダーベの美しい巻髪に捕われた苦しい胸の内を語り、どのようにすべきかその答えを求めました。

誰もが頭《こうべ》をたれたまま、一人として答える者はありません。これは単なる名門の一青年と一王国の王女の恋ではない――国と国との古い歴史にさかのぼる憎悪の感情に関わる難問であることは、だれもが承知しています。罪もない二つの純粋な魂に「めぐる天輪」がねらいをつけたのでしょうか。

しかしザールの決意も王女の恋も変わることがないとするならば、道はただひとつ、すなわち父と国王に若者のひたむきな感情をぶつけてみるよりほかはありません。

「急ぎ手紙をしたためて、お父上と国王陛下のご意見を伺うことが何よりと存じます。ザッハークの血筋をひくとはいえ、カーブルの王も偉大な王であらせられるのですから」

もしも運よく父サームがこの恋を認めてくだされば、かれが国王に言上《ごんじょう》して、王のお心を解いてくださるにちがいない。

ザールはさっそく書記を呼ぶと、かすかな運命の糸にすがる気持で、心をこめた長い文《ふみ》をしたためます。

それは、世界を創造したもうた神への讃辞で始まり、父サームの輝かしい家系の誇りがみごとなことばによって表されたものでした。そしてザールは、父が一門の長《おさ》の座にあるとき、わが子である自分を山に捨てたこと、霊鳥スィームルグが自分を育てて父の手に返したことにもいいおよんでいます。

「父上、わたくしはあなたのおことばをおぼえております。スィームルグの巣からあなたのもとにもどったわたくしに、どのような望みでもかなえようと、神に誓っておっしゃった慈しみ深いあなたのおことばを、わたくしは決して忘れてはおりません」

青年ザールは、メヘラーブ王の王女への自分の愛を述べ、この婚姻に父として同意してほしいと切々と訴えました。

「父として、男として、神に誓われたおことばをたがえてはくださいますな」

このように結ぶザールの手紙は美しい封印をほどこされていました。若者の熱い心は稲妻のような早馬に運ばれて父サームのもとにとどきました。

わが子ザールの手紙を読み終えたサームは、顔色も青ざめ深いなげきの息をはきました。

「遠くイラン国王ファリードゥーンの血筋を引く名門ナリーマン家のわが息子と、ファリードゥーン王に滅ぼされた蛇の王の末裔との婚姻は、考えるだけでも恐ろしい。しょせんは鳥に育てられた子ども——その願いとはこのようなものなのか。この婚姻からどんな子が生まれることか」

しかし、ザールの手紙にもあるとおり、かつての約束を果たさないわけにもいくまい。どう返事をしたものか……。サームは考える力もなくし、心は暗い帳《とばり》にとざされてしまいます。

人間の知恵では答えることのできない難問には占星術が答えを出してくれるものです。

サームは術師を呼んで事の吉凶を占わせます。すると、意外にもよいきざしが現れました。

ザールとルーダーベは、世にも恵まれた夫婦になるであろう。二人のあいだに生まれる子は、イランの王にありとあらゆる幸いをもたらす英雄になるであろう。

サームはこの星運によって不安のかげをはらうと、カーブルの国境で異国の王女に恋心を抱《いだ》き続けて帰ってこない息子に、次のような手紙を送ります。

「父はおまえが選んだ伴侶に、心から満足しているわけではない。

しかし、いかにもおまえのいうとおり、父は神に誓いをたてたのだから、国王のお許しを願ってみよう……」

書状には父親の愛と、名門の武将の誇りと、人間としての苦悩がつづられていました。

開かれた秘めごと

一方メヘラーブ王のところでは、父にも母にも秘めごとをうち明けない若い王女はどうなったでしょうか。

世間のことを何ひとつ知らない清らの乙女が、その恋をいつまでも人に隠していることができるものでしょうか。

よく気のきくひとりの女がいました。おしゃべりで、やさしい心を恵まれていました。この女は、大切なこと、人に黙っていなければならないことを隠すために一日中でもしゃべることができました。そのために、青年ザールと王女ルーダーベのあいだを秘密に行き来する使者の役を果たして、彼女のはたらきによって恋人たちの恋の織物は一日一日と美しく織られていったのです。

その日も、父サームは必ずしも反対ではないということばを一刻も早く王女に知らせようと、青年ザールはこの女を王宮に走らせます。

王女ルーダーベの喜びはたとえようもありません。ほうびとして美しい衣服と指輪を女に与えてから、どうしてもこの喜びをザールさまにお伝えしようと、愛のことばをそえて目もくらむような指輪を一つザールのもとへ持たせて送り出します。

思いがけないごほうびとザールへの贈り物をもって、ルーダーベの部屋を出たところで、女は運悪く王妃の目にとまってしまいました。

しばらく前から、王宮の廊下を、庭を、そして表通りを行き来している素姓のしれないこの女を王妃は問いつめます。いつもならば、容易にいいのがれのできる女も、ごほうびの指輪をもう指にはめているのでおちつきがありません。

王妃はついに、娘ルーダーベの秘密を知りました。

何ということでしょう。王妃の胸は怒りにうずいて、すそを乱してルーダーベの前に立ちます。

「娘よ、あなたは何という恥しらずなことをしてくれたのです。

わたくしはひとり娘であるあなたを愛して生きてきました。あなたの望んだことが、わたくしによってかなえられなかったことがありますか。それなのに、わたくしの知らない秘密があります!

さあ、いいなさい、この女は何者です。

何のためにあなたのところへやって来たのですか。

この指輪は、だれのためのものなのです。

あなたは名だたる王家の美しい姫。うるわしい心を、あなたほどに恵まれた王女はいません。あなたの名誉を誇りに思いなさい。

母をこれほどまでに悲しませることがほかにありますか」

うなだれたルーダーベ姫のほおに涙が糸をひいて落ちていきます。

「ああ、高貴な母上、申しあげましょう。

わたくしの心はあの白髪の勇者ザールさまに捕われてしまいました。あのお方が、このカーブルの地においでになりましたあの時から、ザールさまの勇壮なお姿と、深い愛情がわたくしをとりこにしてしまったのです。

あのお方なしには、わたくしの幸せは考えられません。

わたくしはあの方にお目にかかり、あのお方はわたくしを生涯の伴侶にと望まれました。わたくしたちは固い誓いを交わしたのです。

あのお方は使者を、父サームさまのもとに送られました。イランの貴族の一門の長《おさ》サームさまは、ザッハークの血を引くアラブの娘を、息子が愛していることを知って、たいへん悩まれました。でも、ついにこの恋をお許しくださったそうです。この女《ひと》、母上がとりおさえられたこの女《ひと》が、ザールさまの善き知らせをわたくしに運んでくれたのです。この女《ひと》が持っている指輪は、ザールさまにわたくしの喜びを託すためのものでございます」

王妃は、毅然とした娘のことばに驚いて、しばらくはその場に立ちつくしていましたが、やがて深いもの思いに沈んでいきます。

あの白髪の青年勇者ザールは、いかにもわが娘にふさわしく、家柄も心のうちも優れています。しかしイラン国王マヌーチェフルが、どうしてこの二人の若者の縁組を認めることがありましょうか。イランとアラブとはこの世がはじまってからの宿敵ではありませんか。アラブの娘と、イランの未来を背負う若武者——二人の恋を理由にして、イラン王がこのカーブルの地に攻め入ってこないとだれがいえましょう。

やがて王妃は、部屋の隅にひざまずく使いの女にこう命じました。

「このことは、決してだれにももらしてはなりません。この秘密は大地の中に埋めてしまいなさい」

娘のきっとむすんだ口もと、じっと見すえてくる思いつめた視線を見ると、王妃には、娘の胸にともされた純真な恋の炎のはげしさがわかります。しかしアラブとイランの宿命の対立をどうしたらいいのでしょう。

王妃は悲しみのあまり部屋にかけこむと、そのまま床《とこ》にふしてしまいました。

メヘラーブ王は身をふるわせて立ちあがると、刀をぬきはなちました。

「娘はどこか！　娘《あれ》の首をはねてやる！」

「しばらくお待ちください！」

王妃の手をふり払い、夜目《よめ》にも青く輝く剣をつかんだ王の姿は、だれの止めだてにも耳をかさない強い決意を現していました。

その日のできごとを女ひとりの胸に秘めておくことができず、娘とザールの恋を打ちあけた王妃のことばが終わりもしないうち、メヘラーブ王の怒りは爆発しました。

掌中《しょうちゅう》の珠のように慈しみ育てた、ただひとりの娘！

美しさ、気高さ、心根のやさしさは世にもまれなものとうわさされ、親である王もそれを認めてきたルーダーベ姫。それが何ということか。

これは、一人の青年勇者とわが娘との恋にとどまる問題ではありません。イラン国王がこれを口実にしてカーブルへ攻めこんできたら、娘はおろか、この国のだれ一人として生き残ることはあるまい――メヘラーブ王は国の暗い運命に思いを馳せています。

「おお、あの娘が生まれたとき、その場で首をはねてしまえばよかったのだ。わが娘が一門の恥、一国のわざわいになろうとは！」

王妃は王の足もとにひれ伏して、王の心を少しでもやわらげ、大切な娘の生命《いのち》が失われることのないようにと、必死で王をなだめます。

「お心広い王よ、どうかわたくしのことばをお聞きください。イランの王がアラブの国やアラブの人びとを愛しているとは申しません。しかし、過去をふりかえってみれば、その昔、イエメンの王の三人の娘たちが、イランの王ファリードゥーンのおめがねにかなって、その娘たちを、ご自分の三人の息子の妃に迎えたではありませんか。

それに、あの白髪《はくはつ》のザールは心の広い勇者だと、あなたもいつか大そうほめておられたではありませんか」

ザールが娘にとってこの上なくりっぱな婿であることは、だれよりも王がよく知っています。しかし、そうであればあるほど、イランの王マヌーチェフルは怒り狂うにちがいありません。

何がどうあろうと娘を呼べ、と猛りたつ象のように大声をあげるメヘラーブ王に、娘を殺さない約束だけをさせて、王妃はルーダーベ姫を王のもとへ連れて来ました。

すでに恋する人を心に決めたこの娘は、父王の怒りを恐れるようすもなく誇らかに頭《こうべ》をあげ、美しいほおと黒い輝くひとみをまっすぐ父王に向けました。

「おまえは理性を失ったのか。わが国の誇り、わが王家の名を汚《けが》した卑しい娘じゃ！」

ただひとりのいとしい娘を、こうして卑しめる父王の心もまた、たとえようもなく苦いものでしたろう。

ルーダーベは父王の、ののしり怒ることばを聞き終わると、ただはらはらと涙をこぼし、サフランの花のように白いほおをして自分の部屋へもどっていきました。

カーブルの王とはいっても、そのころのイランに比べては何分の一の力も富もないメヘラーブ王です。どのようにしてこの国難を切りぬけることができるでしょう。王の心は夜の闇よりなお暗く沈んでしまいました。

イラン王の策謀

さて、イラン王マヌーチェフルの耳には、すでにこの二人の恋人の話は達していました。王は、どれほど美しくまたやさしい人柄の娘であろうとも、あの残忍な蛇の王の血をひく者が、汚《けが》れなきイランの名門の、やがては武将となる若者と結ばれることは許しておくわけにはいかない、と心に決めておられました。

蛇の子孫はいずれは蛇になろう。これを機会に軍をカーブルに進めて、いっきにカーブルの王メヘラーブを滅ぼしてしまおうと王は考えます。

そこで、白髪のザールの父、イラン随一の武将サームをお召しになりました。サームは、結婚の許可をもとめる息子ザールの手紙を読んで、承諾の返事を使者にもたせて帰したところです。しかしこのことは、いつかはイラン国王に申しあげねばなりません。けっして良い縁組とはいえないこの結婚に、国王がご立腹なさらなければよいが――そう思うとサームの心は沈みがちでした。そこへ、国王からのお召しがあったのです。

武将サームは玉座の前で一礼すると、王はことのほかごきげんうるわしく、サームをすぐかたわらに座らせ、親しくイラン辺境の地のようすをおたずねになります。

イラン北部のマーザンダラーン地方には、まだ悪鬼どもが出没して、時にはイランの勇者よりも猛々しく、まるで獅子のように向かってくるのでした。サームはこの悪鬼の軍勢に兵を向け、自ら先頭にたって鉄の矛をふるい、味方の威勢を鼓舞して敵をけちらした合戦のもようをお聞かせします。

この地域には、イランのファリードゥーン王の三王子の一人で、後に国にそむき反旗をひるがえしたサルム――あの裏切者の子孫たちがいます。

「かれらが攻めよせてまいりますと、野も山も谷もみるみるうちに軍兵、馬、旗、槍、剣《つるぎ》のもとに見えなくなって、さすがわが軍の武将たちも血の気を失うほどでした。陣頭にたつ敵の大将は蛇のように投げ縄を扱い、車輪のようにインドの剣をふるい、その勇猛なことは怒り狂った象のようでした。

しかしこのサーム、イラン国王の栄誉をはずかしめる者ではありません。槍にて投げ縄をからめとり、剣をはらい落とすと、その大将の腰帯をむんずとつかみ、大地にたたきつけましたので、さすがの剛の者も五体はばらばらになってしまいました」

サームの武勇伝に国王は、ときにほおを朱《しゅ》に染めてうち笑い、ときには親しく武将の肩をたたいてお喜びになります。酒と楽士も用意され、次々と他の武将たちも加わり、祝宴の席はにぎわっていきました。ころあいよしと見て、ザールとルーダーべの恋について申しあげようと膝をのりだすサームに、いかめしい顔を向けて、マヌーチェフル王はこう申しわたします。

「今や辺境の敵どもは、そなたの武勲によってことごとく退治された。サームよ、残るは東方のカーブルばかりじゃ。カーブルのメヘラーブ王はイランにわざわいをなした蛇の王の子孫。これよりただちに兵を率いてかの地に向かい、蛇王ザッハークの子孫の首を一つ残らずはねてまいれ。女子どもとて容赦するでないぞ」

それはだんこたる命令でした。

サームは王の御前に平伏するほかはありません。

サームは黙々と戦《いくさ》のしたくをすませ、軍勢を整え、カーブルに向かいました。国境のあたりに息子ザールがいることでしょう。サームが心をうちあけて話せるのは、その実の息子であるザールだけなのです。

父の手紙

カーブルの国は、勇将サームがイランの大軍を率いて攻めこんでくるという知らせに浮き足だっています。すでに国中の人びとはこの不幸の源に王女とザールの恋があることを知っています。うわさによれば、メヘラーブ王は、カーブルの国にこのようなわざわいをもたらし、国民に難儀をかける王女と王妃の生命を絶とうとされたとか——あるいは、イラン王に貢物《みつぎもの》を贈り怒りをなだめるようにと、メヘラーブ王に進言する者がいたとか——このようなありさまでは、カーブルの国はイランの大軍の前にひとたまりもないことでしょう。

勇将サームは、白髪《はくはつ》の息子ザールと会い、カーブルの内情を聞きとります。息子のことばには国王の人柄によせる敬愛の念、カーブルの不幸をいたむ気持、そして何よりも王女に対する深い愛がうかがえます。

ザールはすでに決心していました――自らイラン王の御前にでて、カーブル攻略の中止を願いでて、カーブルの王女ルーダーベをわが妻に迎えるお許しを得ようと。

ザールの父サームは、息子の強い決意に心を打たれました。

かれは、王国の名誉のためにつくしてきた年老いた武将の真心を一通の手紙にこめ、子を思う父の愛を美しい文章にして、イラン王のもとへ送りました。

「僕《しもべ》たるわたくしが、百二十歳の今日まで王と仰ぎます陛下よ、永久《とこしえ》に神の祝福があなたの上にございますように。

今日《こんにち》にいたるまで、わたくしはあなたのご威光によって鉄矛《てつほこ》をふるい、イラン各地の敵を平定し、軍を率いて辺境の悪鬼を退けてきました。わたくしほどの騎士、わたくしほどの剛の者、わたくしほどの勇者を世に見いだすことは容易ではありますまい。マーザンダラーンの悪鬼も、カシャフ川の恐竜も、わたくしのほかにだれが退治できたでしょう。あのような魔物がいては人間はもちろん、野の獣も空の鳥も生きてゆくことはできませんでした。

あの恐ろしい竜との戦いに出陣のとき、一門の者たちはこの世の最期の別れをわたくしに告げたものでした。今でもわたくしは、大地も震えるあの恐ろしいほえ声、森林を燃えあがらせるただれた大きな口、鋭いきばを忘れることはできません。わたくしは神のご加護を祈って、その大きな口のなかの黒い舌を白ポプラの矢で射ぬいたのです。

王よ、あなたは竜の口から流れ出でた猛毒で、わたくしが長いあいだ病床にあったことを覚えていらっしゃるでしょうか。

この老人の頭に忘れられずに残っているそのほかの恐ろしい敵との戦いをここに書き述べれば、王よ、あなたは幾日もわたくしの武勇伝をお読みになることでございましょう。

ああ、長い年月のあいだ、鞍がわたくしの玉座、戦場がわたくしのすみかと信じてきたイランの名門ナリーマン家の長《おさ》サームは、自分自身の領地、富、名誉を考えたことはございません。

王よ、わたくしがここに武勇伝をお伝えしますのは、かつての武将サームも、今は老年に勝てないことがわかったからでございます。大地から天に向かって伸びていた体も腰が曲がり、頭には樟脳《しょうのう》の白さを頂き、昔は鉄の一撃を誇ったこの腕も力はございません。

王よ、老人サームは勇将の座を息子ザールに譲るつもりでおります。わたくし以上に息子ザールは陛下のお心にかない、わたくしがえた以上の勝利を陛下にもたらし、イラン王国の誉《ほまれ》を天下にとどろかすことはまちがいございません。

さて、この手紙をもって御前にまいりますザールには、陛下に申しあげたき願いごとがございます。

このたび陛下のご命令により、わたくしがカーブルに軍を進めようといたしますと、ザールは次のように申します。

『カーブルを攻めるならば、その前にこのわたくしを絞首台にかけよ』

王よ、あなたもお聞きおよびのことと存じますが、カーブルの国のうるわしの糸杉とうわさされます王女を、息子ザールは狂おしいほどに恋しております。

わが息子ザールは、わたくしの過ち、わたくしの罪により、赤児《あかご》のとき山に捨てられ、鳥に育てられました。ああ、神よ、おゆるしくださらんことを！

息子は乳房もゆりかごも知らず、母の愛も、父の慈しみも受けることなく成人いたしました。その青年が、ザッハークの血をひく者とはいえ、やさしく美しい乙女を愛していると知ったときのこの年老いた父の喜びを、王よ、あなたは国にそむくものとお考えでしょうか。

ザールはカーブルの王女によって、生まれてはじめて愛を得ようとしているのでございます。

わたくしは、鳥に育てられ成人した息子ザールを家に迎えたとき、『おまえの望みはすべてかなえてやろう』と約束いたしました。

王よ、わが子が愛を求めております。この若き生命《いのち》に、あなたの広きおこころがおよびますように」


イラン国王マヌーチェフルは、晴ればれとしたほほえみをうかべて、勇者サームの白髪《はくはつ》の息子ザールに、こう申されました。

「若き英雄よ、そなたはわしを苦しめにまいったな。

老将サームにこれ以上の苦痛を与えるのはやめにしよう。そなたはしばらく王宮にとどまるがよい。賢者、司祭がよき知らせをもたらすであろう」

天上地上、すべての秘儀に通じた賢者、司祭、星占い師は、三日のあいだ「めぐる天輪」の動きを調べました。

メヘラーブ王の娘とサームの息子、この者たちの婚姻によって一人の男子が生まれるであろう。その者は、獅子の心と象の力を持ち、イラン国のすべての敵をたおす勇者になるであろう。

「めぐる天輪」は、イランとカーブルの両国のあいだに戦《いくさ》をおこさせる寸前で、清流のように明らかな吉兆を告げたのです。

しかし、賢明な王は、また慎重でなければいけません。あの好ましい青年勇者に、さらに試練を与えようと思われて、「めぐる天輪」の答えをすぐにはザールに伝えず、はなやかな王宮のうちに青年をとどめておきました。

知恵問答

マヌーチェフル王は、物事の背後に神が印された意味をよく理解する司祭たちを集め、そしてザールを召し出しました。

健全な肉体を恵まれた青年に、どれほどの英知が宿っているか、司祭たちの問いにどのような答えが返ってくるか――玉座についた王、その前にいならぶ廷臣、武将は、息をのんでみつめています。

第一の司祭が、こう口を開きました。

「三十本の枝をもつみごとな十二本の木を見た。木は何を意味しているか」

つづいて第二の司祭が問います。

「二頭の駿馬を見た。一頭は雪のように白く、他の一頭はタールのように黒い。

二頭は輪を描いてたがいに後を追いかけつづけるが、追いつくことはできない。この意味は何か」

第三の司祭。

「青年よ、わしは青草の繁る美しい草地を見た。鋭い鎌をもった男があらわれて、ぬれた草も乾いた草も刈りとった。草にも生命《いのち》はあるもの――しかし泣こうが嘆こうがおかまいなしじゃ。答えてみなされ、これは何じゃ」

すると第四の司祭がそれに続きます。

「海上に二本の糸杉がそびえ立っていた。そこには一羽の鳥が巣をかけている。ところが鳥が宿っている方は青々と枝葉を繁らせているが、もう一方は枯れている。これはなぜかな」

第五の司祭の問い。

「美しい町がイバラだらけの荒野のかたわらにあった。人びとは美しい町のことは考えず、荒れたイバラの野に家をたてた。ある日、地震がおこり、イバラの野に建てた国はことごとく滅亡してしまった。人びとはこの時になって美しい町のことを思い出したそうじゃ」

ザールはしばらく考えていましたが、やがて次のように答えました。

「まず第一の問い。三十の枝のある十二本の木、それは十二か月と、それぞれの月にある三十日のことでございます」

「それから第二の問い。二頭の黒白の駿馬とは夜と昼、たがいにいかにかけようとも追いつくものではございません」

「第三の問いについてお答えしましょう。青草とはわれわれ人間で、鎌は時。死の時がやってくれば、若かろうと老人であろうと、泣こうと嘆こうと容赦なく刈りとられてしまいます」

ザールはつづけて第四の問いに答えます。

「海上にそびえ立つ糸杉に巣をかけている鳥、これは太陽のこと。そして二本の糸杉とは一年の半分ずつをさします。片方に鳥がとまっている春と夏は草木が青々と繁るが、とまっていない方は秋と冬で、草木は枯れています。

さて、最後の問いにお答えします。

美しい町とは永遠の館――すなわちあの世のことでしょう。イバラの荒野とはわれわれが仮の宿とよぶ現世《うつしよ》を指しております。

この世にあるうちは、われわれはあの世のことを考えもしません。しかし死は、まるで地震のようにこの世の生涯を、一瞬にして破壊します。そのときになって、ああ、あの世——永遠の世のことを考えておけばよかったと思っても、もう間にあいません」

単純な現象のうちにこめられた深い謎を、ザールが次々に明瞭なことばによって解きあかしていくと、司祭たちも、並みいる人びとも讃嘆の声をあげました。

マヌーチェフル王は、祝宴をひらいて青年の英知をほめたたえました。

イラン国王は、なおザールを宮廷にひきとめておかれます。あれほどの英知に恵まれた若者の、今度は武芸の技を試してみようとのお考えなのです。

「ザールよ、そなたの今日一日を、わしのためにさいてくれぬか。あすは天下の英雄として、そなたを父のもとへ返してつかわそう」

王は錦の旗や幟《のぼり》をかかげた仮のご座所から、ザールにおことばを賜りました。いならぶ武将は色も鮮かなよろいを着てかぶとを手に王のかたわらをかためています。ほこ先にはためく幟のざわめき、馬のいななき、兵卒らの甲冑の響きが闘技場にひろがります。この日、都のすべての人びとが、父サームの技をしのぐ白髪《はくはつ》の若武者の腕前を見るために集まりました。

幔幕《まんまく》を張ったところには、たくましい若武者、恐ろしげな顔をした剛の者たちが、それぞれ腕に覚えのある武器——弓矢、剣《つるぎ》と楯、長槍、ほこ、投げ縄をもってひかえています。

日ごろ磨いた技を国王のごらんに入れようと心はやる者たちばかりです。

白髪のザールは馬上に身をおいて弓をひきしぼります。ねらいは闘技場の一角に立つ由緒ある古木。矢は、その昔父サームが竜を退治したのと同じ白ポプラの矢。ねらいはあやまたず、古木の幹を射ぬいて、白い矢は矢羽も傷つくことなく後ろの塀につき立ちました。

槍を手に数名の武者があらわれると、ザールは弓矢を捨て、投げ槍をとりあげます。馬を駆って武者どもをあしらいけちらし、態勢をととのえるかれら目がけて槍を投げれば、切っ先は三枚の厚い楯を貫きました。

マヌーチェフル王は、ご座所から身をおこして、並みいる武将たち、控えの兵《つわもの》どもに申されますが、その口もとからほほえみは消えることがありません。

「あの若者と戦う者はおらぬのか。

弓矢も投げ槍もかれには及ぶまい。体当りでいくがよい」

錦の腰帯をしめなおして馬にまたがる兵どもがザールをとり囲みます。しかし霊鳥の背にも乗ったことのあるこの若武者の馬をあやつる術《すべ》は、まるで馬上の騎士が馬になったようです。これにくらべればザールに立ち向かう兵どもは、数名の人間と数頭の馬にすぎません。

ザールは相手のなかから、最も強力《ごうりき》の武者とみえる者を選びかれの腰帯をつかみとると、鞍から高々と宙にさしあげます。

マヌーチェフル王はもちろん、闘技場に集まった国中の名将兵士、都のすべての人びとの口から讃嘆のさけびが空にたち昇っていきました。

ザールは数えきれないほうびの品々と、天下の英雄という名誉と、そして何よりもカーブルの王女との婚礼のお許しを得て父のもとへ帰っていきました。

三　ロスタム武勇伝

英雄ロスタムの誕生

白髪《はくはつ》の青年ザールは、イラン国王と父のサームから、晴れて結婚の許しを受けました。カーブルの王メヘラーブもこれを大変喜んで娘ルーダーベのために、天国の祝宴と世の人びとがいい伝えるほどはなやかな婚姻の式典を催しました。

やがて、「めぐる天輪」はうるわしい花嫁と、青年ザールとのあいだに子どもを授けることになります。

ところがお妃は日に日に顔色が青ざめていき、死ぬほどの苦しみを覚えるようになります。まだ若いザールは心配でなりません。どうしたらよかろう！　するとかつて霊鳥スィームルグに育てられ、別れるときに大きな一枚の羽根を与えられたことを思いだします。

大羽根から一枚の羽根毛をぬいて火にくべれば、霊鳥は、わたしの苦難を救うために、きっととんできてくれるだろう。

ザールは羽根をとり出し、その一片を火の中に投げこみました。

一瞬、空は暗くなり、人びとが驚嘆の声をあげるまもなく、空中から大きな雲が、いや雲のような一羽の鳥がくだってくると、ザールの前にまいおりました。スィームルグです。霊鳥はなつかしそうにザールをながめると、この若き英雄にこういいました。

「いまおまえの妻から生まれようとしている子どもは、ふつうの子どもではない。この世に生まれる者で、この子がそなえるほどの秀《すぐ》れた力と勇気と知恵を恵まれたものはないだろう。

ただし、神の思《おぼ》し召《め》しによって、ふつうの子どもより長いあいだ母親の胎内にとどまっていなければならない。したがって、獅子のような赤ん坊をとり出すには、母親の脇腹を切り裂くほかはないのだが、しかし、心配することはない。わしが、いかにすべきかをすべて教えてあげよう」

スィームルグはまず、酒によって母親を酔わせること、短剣で脇腹を裂いて赤ん坊をとり出してから、傷口を縫い合わせる方法をザールに教えます。

薬草と麝香《じゃこう》（香料）をまぜてじゅうぶんに練り合わせた軟膏を塗り、その上をスィームルグの羽根でなでれば、傷口はまったくふさがり、母親は失った血をとりもどし、苦痛を忘れるであろう。

非凡な子を賜った幸運を神に感謝するがよい――そして、スィームルグは一枚の羽根をザールの手に残して、空高くまいあがっていきました。

ザールは、地上のさまざまな経験によって深い知識を貯えた年老いた司祭を呼び、霊鳥が告げたとおりのことをかれに話します。老司祭になに一つ手落ちのあるはずがありません。

それにしても、スィームルグの羽根が傷口をやさしくなでるたびに、母親の顔に血の色がよみがえっていくのは、いかにも不思議なことでした。そして何よりも、生まれた子どものりっぱなこと！　子どもはまるで一歳にもなるような大きな男の子で、生まれながらにして王のような威風が感じられます。母親は苦しかった誕生のときを思い出して、

「わたしはやっと楽《ロスタム》になりました」

とつぶやいたので、子どもはロスタムと命名されました。ロスタムを見たカーブルの人びとは、星占い師が両親の結婚まえに告げた予言を思いだしながら、この偉大な子どもに驚嘆しました。ロスタムの祖父であるサームは、自分の領土のザーブリスターンにいましたので、ザールはぜひこの子どもの顔を父に見せようと思いたちました。

子どもの顔形が絹布で作られて、黒ヒョウの毛が詰められます。大きさは獅子の子ほどもあります。槍と矛を手にもった人形が、栗毛の馬にのり手綱をとっているありさまは、ちょうど少年騎士といったようすです。

一隊の従者たちを従えたこの人形は、カーブルの地から、遠くザーブリスターンの祖父のもとにとどけられました。

「ほほう、これはわしにそっくりじゃ」

サームはこの人形の孫を見ると顔をほころばせ、この喜びを人びとに分かち与えようと、貧しい人びとに金銀を施し、酒杯を並べ、楽士を呼んで七日のあいだ盛大な祝宴を開きました。

いっぽう、絹人形のようだったロスタムは、どのように成長していったのでしょうか。かれには十人の乳母がついて乳を与えたといわれていますが、すぐに乳をやめてパンと肉をたべるようになりました。この食事も、おとなの五人分を軽くたいらげるのですから、身の丈はたちまち糸杉ほどになりました。

生まれながらの白髪《はくはつ》で、山の霊鳥に育てられた父ザールは、わが子のこの成長ぶりを見るにつけ、幸運がやっと自分に訪れたことをさとりました。

勇将サーム、その子ザール、そして孫のロスタムと、ナリーマン一門は英雄豪傑の血統として世にその名を知らない者はありません。サームの数多くの武勲と、ザールの御前試合の剛勇ぶりをおぼえている人びとは、幼いロスタムがやがて成人して、イラン国王に仕えるその行く末をたのしみにしています。どのような悪鬼悪霊も、恐るべき辺境の敵も、ロスタムの一撃によって追いはらわれることでしょう。

イランの人びとは、英雄ロスタムの成長を心から喜び、うわさしあうのでした。

ロスタム七つの難関をこえる

イラン王朝は、武将ザールが仕えたマヌーチェフル王のピーシュダーディー朝以後何代かの王が王座にのぼり、時代はカヤーニー朝になっています。

そのあいだにも、天空にのぼる陽《ひ》のようにロスタムの武勇は世に鳴りわたっていきますが、なにしろこの豪傑は、小山のような巨体のもち主なのですから、この重さに耐える馬がなかなかいません。ロスタムの片手がおかれただけで、どの馬も背中が曲がってしまうのです。

しかし天の恵みでしょうか、かれはとうとう一頭の子馬をみつけました。それは、まだ子馬だというのに、獅子のように勇敢で、全身にすっかり斑《ふ》があります。それもジャスミンの白さにバラの花びらを散らしたように見えるのです。目は黒石のように鋭く、暗闇のなかでも二ファルサング（一ファルサングは約六キロメートル）のかなたの、黒い服の上のアリを見分けることができ、背はラクダのように強く、ロスタムが乗ってもびくともしません。

ラクシュという名のこのバラ色の子馬は、以後さまざまな遠征、冒険に勇者ロスタムを乗せて従い、主人の勇名を天下にとどろかせると同時に、また名馬の誉れを高からしめることになります。

さて、イラン王国に黒雲がまきおこり、国王カーウースから、ロスタムの救援を求める使者が武将ザールのもとにまいりました。ザールは息子を呼びつけます。

「ナリーマン家の誉れであるわが子ロスタムよ。イラン国王はマーザンダラーン（イラン北部の地）の悪鬼に捕えられてしまった。おまえはただちにかの地に走り、王をお助けするのだ。

ただし、マーザンダラーンに行くためには、二つの道がある。一つは安全だが遠い。一つは近いがきわめて危険じゃ。世の人はこれを七難道といっている」

ロスタムは当然のことのように答えます。

「父上、わたくしは近い道を選びます。たとえそこが危険に満ちたものでありましょうとも」

ロスタムは愛馬ラクシュに鞍をおきます。かれは供の者をつれていきません。この「七難道越え」は、かれの人生への旅立ちです。わたしたちは、人生に向かってただ一人で旅立っていかなければならないのです。

ロスタムは二日の行程を一日でとばし、昼も夜もつねにラクシュを走らせました。そして、どうもうな獅子のすむ荒野につきました。

獅子が生きていくためには、そのえじきになる愚かな動物が必要です。昼のあいだは野生のロバが、いかにも平和そうに草をたべて群がっています。ロスタムは投げ縄でロバをとらえ、木を裂いてまきとし、野宿のしたくをします。かれはロバの焼肉で腹を満たし、泉の水でのどをうるおしてから、木かげに入ってしばらくの睡眠をとります。

愛馬ラクシュは、鞍やくつわをはずされて草原をひとかけすると、主人の枕もとに立ったまま、かれもうとうとしていました。

すでに焼肉の匂いが獅子の食欲をそそっていました。かれは草むらのかげから、眠っている人間と馬をみとめると、まず馬にとびかかります。

ラクシュは子馬のとき、すでに獅子の力をもっていたのです。ラクシュは小山のようなロスタムを乗せて昼夜つづけて走ることができるのです。ラクシュは目をさますなり、前脚を高々とあげて獅子の頭を蹴りつけると、獅子の頭はくだけてしまいました。

ロスタムは目をさましてこのようすを見ると、やさしくラクシュにいいました。

「おお、獅子と戦えとだれがいったか。もし運悪くおまえが殺されたら、わたしはどうして重い武器をもって、マーザンダラーンまで行きつけるだろう。こんどからはわたしを起こすのだぞ」

ロスタムはそれから眠りにつきました。――父上がいわれたとおり、この道にはなおいくつかの危険が待ちうけているのだと覚悟しながら……。

次にロスタムが通る道は動物も植物も、生きているものは何一つ見いだすことのできない、熱い乾ききった砂漠でした。

さすがのラクシュも、ただ灼《や》きつけるばかりの太陽に弱りはてて、もう一歩も歩けません。ロスタムは馬を降りて、吐く息に赤い熱がこもるような呼吸もたえだえに、ついに砂漠のまんなかに倒れてしまいました。ああ、勇者ロスタムも、人生の第二の難関を越すことができずに死んでいくのでしょうか。かれの脳裏に今までの短い一生のことどもが浮かびます。

その時、一頭の牝羊がロスタムの近くを通っていきます。この羊はどこへいくのか。そうだ、きっとこのあたりに水場があるにちがいない。ロスタムははうようにして、そのあとからラクシュもやっとのことでついていきます。

おお、輝く泉、生命《いのち》の水です。

ロスタムは天なる神に祈りをささげ、心ゆくまでのどをうるおします。それからラクシュの体も洗ってやります。ふと気がつくと、牝羊はそこにいません。彼女の足あともあたりには見あたりません。

ロスタムは、羊をつかわしてくだされた神に感謝し、その夜は泉のほとりで眠りにつきました。

第一と第二の「難関越え」では、わたしたちはまだロスタムの腕前を知ることはできません。以上の二つは、ロスタムの人柄、かれの人徳によって、その難をのがれることができたのです。しかし、第三の難関がかれを待ちうけていました。

ラクシュは主人に忠実な賢い馬です。ロスタムの眠っているあいだは、その枕もとにたって主人を見守っています。

とつぜんラクシュの前に、竜が口から炎を吹きあげて現れました。ラクシュは主人の枕をけって鋭くいななきます。目をさましたロスタムは剣をとり、身構えましたが、竜はすでに暗闇のなかに身を隠してしまったので、ロスタムの目には何も映りません。

「ラクシュよ、疲れているわたしを起こしてはいけない。こんな悪さをすると、おまえの首をはねてしまうぞ」

ロスタムは楯を枕に眠ります。

ふたたび恐ろしいうなり声をあげて竜が泉に近づいてきました。

ラクシュは、しばらくは主人を起こそうとしません。賢い馬は、さきほど眠りを妨げられた主人の怒りを覚えています。しかし、もう一刻のゆうよもありません。大地にひづめを鳴らし、雷鳴のようにいななきました。

またもやラクシュのやつが、主人の命令もわきまえない！　ロスタムは目をさまし、ハッとするまもなく、闇のなかに恐ろしい竜の姿を認めました。

竜は恐ろしいうなり声をあげます。

「おまえはだれだ、名を名乗れ。おれの爪からのがれたものはいないのだぞ!」

「われこそは、イランの武将サーム・ナリーマンの孫、英雄ザールの子ロスタム。この一撃を受けるがよい」

その昔、サームに殺された竜の子孫は、怒りに地を震わせてうなり声をあげ、ロスタムにおどりかかります。

ラクシュは主人の危機を救おうとひづめをつかい、鋭くいななき、頑丈な歯をもって竜の尾にかみつきます。一瞬ひるむ竜。ロスタムは一刀のもとに首をはねました。竜の体から流れでる黒い血は、氾濫する川のようにあたりをひたして、しばらくは天も地も見えなくなりました。

ロスタムはこうして第三の危機を脱したのです。

ロスタムは自分の体にもラクシュにもふりかかった竜の黒い血を泉で洗いおとして出発しました。今までに三つの難関を乗りこえたロスタムは油断なく気をくばって進んでいきます。人の一生に「めぐる天輪」はどのようなわなをしかけるでしょうか。

やがてロスタムと愛馬ラクシュは、緑の木々がしげり、色とりどりに草花の咲く園《その》に通りかかりました。そこには、キジの目のように幾重にも変わる彩りの、美しい泉がわいています。そして、香り高い薬草や食欲をそそる匂いを放つメボウキ（香料用の草）をそえた大皿には子羊の焼肉が並べられて、そのかたわらには新鮮な果物、甘美な酒、黄金の杯《さかずき》、その上楽器までがそろっていました。

ロスタムはラクシュの背から降りて、まずかれを自由にしてやると、そこにそろえられたごちそうに近づき、酒杯になみなみと酒をみたしました。父のもとを出発して以来、味わったことのない朱《あか》い液体からは、身も心も安まる匂いがたち昇ってきます。

かれは琵琶をとりあげて、うっとりと酔ったように楽器にあわせて詩《うた》をうたいました。

「心に不安をおぼえて
わたしはどこにいくのか、
今日は悪鬼にあい
あすは竜に出会うのであろう
ああ、戦っている時だけが
わたしの心安まる時なのか。
おお神よ、

幸運を与えよ、
真紅《しんく》のバラの花咲く園の
香りたかい美酒を
わたしに恵みたまえ」

暮れかかる太陽は、はてしなく広がる草原を赤い光のなかに浮かびあがらせていま す。やがて夜になれば、遅い月がでるまでは、かがり火だけがこのオアシスに憩うロスタムと愛馬を守る光になるでしょう。日中の暑さはたちまちうすれて、しずかに吹きわたる風に、草の葉がなびいています。ロスタムの歌声は広野にながれていきました。

すると、若い勇士の歌、琵琶の音色に誘われたのか、泉の精かと思われる愛らしい乙女が現れました。その美しさにラクシュはいななき、荒い息をはいてとびはねます。ロスタムはその無礼をしかりつけ、泉のかたわらの木に手綱をかけると席にもどり、このオアシスの小さな宴に乙女を招待するのでした。

美酒と美女は、オアシスの一夜を楽しいものにしてくれるであろう！

陽《ひ》はたちまち地平に沈み、夜の闇は恐ろしい早さで地上に広がります。かがり火は二人の若い男女が座るそのあたりを照らしだし、ゆれうごく炎は杯を満たす酒に映り、そして酒はロスタムの心を熱くし、ロスタムの視線は乙女のほおを輝かせているようです。勇士は杯をささげもって、このような酒宴の場を用意してくださった神に祈りをささげました。

かれが「清らの神」の名を唱えたとき、乙女の美しい顔にとつぜん暗い影がさしました。

「怪しいやつ、神を恐れるおまえは何者だ！」

ロスタムは天にささげた杯をその者の顔面に投げつけました。相手はすばやく立ち上がっています。イランの勇者ロスタムの投げた杯をかわすとは！

ロスタムの輪縄《わなわ》がとびます。それが蛇のように乙女の首にまきつくと、妖精のように美しかったその顔は、たちまち恐ろしい老婆の顔にかわりました。ロスタムの道に待ちうけていた魔女を、英雄の剣が二つに切り裂きました。

荒野を旅する人にとってオアシスは楽園です。その楽園に美酒と美女が加われば、旅の苦しみも忘れられます。しかし、イラン王を救いに行く勇士に、そんな楽しみがあるはずはありません。

難を逃れたロスタムはいっそう心をひきしめて道を進みました。

次にロスタムが入りこんだのは暗闇の世界です。陽《ひ》はもちろん、月も星の光も見えない、タールを流したような闇の世界です。かれは賢いラクシュに運をまかせ、心に神の加護を祈るよりほかはありませんでした。

前方に明るみが見えてきて、かれらは緑の畑にでました。ロスタムは草地にラクシュを放してやると、虎の毛皮でできた胸当てとかぶとをぬぎます。陽は美しく輝いていました。闇の世界を通りぬけた緊張がいっきにゆるむと、かれはたちまち睡魔におそわれて、その場にたおれるように眠りこんでしまいました。

「何という悪魔だ！　他人の畑に馬を放すとは」

目をさますと、一人の男がこん棒をふりあげています。ロスタムは起きあがるなり、その男の両耳をつまみあげます。耳はちぎれて、不幸な耳なし男は村にとんで帰りました。

その男の知らせで、この地方の豪族がやってきました。豪族とはいってもかれはまだ年若い騎士です。ロスタムは言いました。

「世を知らぬ若いお方、このわたしが何者か、ご存知ないようだな。

象の巨体という異名をとったわたしが、この剣《つるぎ》をひとふりすれば、あなたの母上はおろか、お供《とも》の方々の母たちも皆悲しみの黒衣を着ることになろう」

畑を荒らしたことをあやまりもせず、このような大声をあげる無礼者――と若い騎士が剣をぬくより前に、ロスタムの輪縄がとんで、かれは身動きもできずしばられていました。

ロスタムははじめから若者の生命《いのち》を奪おうとは思っていません。イランのカーウース王が捕えられているマーザンダラーンの城まで、不案内な土地をこの青年に案内させようと考えていたのです。

若い騎士の説明によると、イラン王はこの地から百ファルサング（一ファルサングは約六キロメートル）のところに住む黒い悪鬼に捕えられて、その地からさらに百ファルサング先には悪鬼の頭目、白鬼《はっき》の土地があるというのです。嶮《けわ》しい山あいに恐ろしい城が建っていて、城は一万二千匹の悪鬼によって守られています。

「あなたは世の英雄といわれるお方ですが、この世の涯《はて》に住む白鬼を見れば、あなたの勇猛な心もくじけるにちがいありません――なにしろ山でさえもかれの姿にふるえるというのですから」

ロスタムの高笑いが、青年騎士の心配を吹きとばしてしまいます。かれは愛馬ラクシュに鞍を置いて、この土地で得た若い騎士にいいました。

「難儀に出会うまえに、難儀を考えない方がいい。とにかく、ご案内願いましょう」

事実、今回の難儀によってロスタムは一人の道案内を得たのでした。

幾たびか陽が沈み、暗黒の夜になり、そして幾たびか夜が明けて灼《や》けつく太陽が地平から昇ってきました。ロスタムと若い騎士は、目指すマーザンダラーン地方に入りました。

荒野を闇が包んでいます。闇の中に小さく、いくつもの目のように、かがり火が燃えています。荒野はどこまでも限りなく広がっているようです。人家も木も、物のかたちは何ひとつ見えず、ただかがり火の奥の方に、人間の手が造ったものとは思われない黒々とした影——黒い悪鬼の城が見えます。イラン王カーウースが、うかつにも兵を進めて捕われている城です。あたり一面に、どこから流れてくるのか、低いほえ声のような響きが大気をふるわせていました。

ロスタムは第六の冒険を前にして、長旅の疲れをとるためにひと眠りします。さて目ざめると、虎の皮の胸当てをつけ、輪縄、剣《つるぎ》を確かめます。やがて天下に名をひびかせる若き英雄の第一の手柄になるイラン王の救出です。胸当ての奥には早くも悪鬼の頭《かしら》アルザングとの一騎打ちの勇気があふれています。

案内の騎士をのこして、ロスタムはただ一人愛馬ラクシュを進めました。ラクシュのひづめが、数えきれないかがり火をけちらしていきます。たちまち城を前にしたロスタムが、大地をふるわす大音声《だいおんじょう》で名乗りをあげると、二本の角《つの》をとがらせた悪鬼アルザングが城からおどり出てきました。イランの勇者はいきなりこの角に手をかけてアルザングをひき倒すと、首を切り落とし、群がる悪鬼に向かって投げつけました。

大将の首がこのようにあっけなく落とされては、家来の悪鬼どもは逃げ出すよりほかはありません。ロスタムは城に入り、王と王に従ったイランの武将、兵たちを救いだしました。これほど多くの軍勢を王と共に捕えた悪鬼を、ロスタムただ一人で倒したのです。カーウース王はわが子のようにロスタムを抱きしめました。

しかし、これでロスタムの戦いが終わったのではありません。最後にのこる第七の危難――白鬼退治があるのです。というのは、牢獄にいたあいだ光を見ることのなかったカーウース王は健康をそこない、視力を失い、以前のうるわしいお体になるためには、白鬼の脳と白鬼の三滴の血のほかは、どのような薬も役にたたないといわれていたからです。

王は神々に祈りをささげました――七つのけわしい山を越えて、王の目にふたたび光を与えるために、恐ろしい白鬼との戦いにおもむく若武者に恵みがあるようにと。

カーウース王の望むものを手に入れるため、英雄ロスタムは錦の帯を結び、伝家の矛をとって愛馬にまたがります。愛馬ラクシュは疾風のように土ぼこりをあげてかけ続け、白鬼が住む七つの山のふもとにつきました。

山を前にして、かれに従う青年騎士《きし》がこういいます。

「しばらくお待ちください。陽が昇れば、悪鬼どもは眠ります。時の利を見て戦うにこしたことはありません」

ロスタムは陽の昇るのを待って攻め入ります。

さて、白鬼の城とは暗い深い洞窟なのです。内部は、昼間でも暗闇が支配する世界で、魔物の姿はみえません。ロスタムはしばらく目を閉じて、やがて闇になれた目を開けると、何ということでしょう。洞窟の闇と思ったものが、魔物ではありませんか。小山のような体はまっ黒で、ただ獅子のたてがみを思わせる髪が雪のように白いのです。魔物は洞窟いっぱいに横になって、眠りこんでいます。

たとえ白鬼であろうと、眠っている相手をうちとるのは英雄の名を汚《けが》すことです。ロスタムは洞窟に響きかえる大声で名乗りをあげます。目をさました白鬼のさけび声！　岩がくずれ落ち、岩間にしたたる水が小川のように流れ落ちて、さすがのロスタムも恐怖を覚えずにはいられません。

しかし剣《つるぎ》をとると、鋼の重さがかれの心を冷静にします。闇にロスタムの剣が光り、魔物の片腕、片足がおとされました。白鬼は傷手《いたで》にひるまずロスタムにつかみかかってきます。人間と魔物の肉が傷つき、両者の血が洞窟の外に流れ出ました。

「この戦いに勝てば、おれは永遠に生きているだろう」

ロスタムは心の中でこうさけびました。白鬼は片腕片足を失った傷口から多量の血を流して、少しずつ弱っていくようです。しかし、戦《いくさ》の初めからどのくらい時間がたったのでしょう。かれらが流した血と汗ではかるほかはありません。

ロスタムは最後の力をこめて神に祈りました。祈りは力となって返ってきました。かれは剣をすてると白鬼につかみかかり、岩のような白鬼の体をさしあげて、洞窟の岩壁に投げつけ、剣でとどめをさしました。

洞窟は白鬼の暗黒な体でうずまり、死体から川のように流れ出る血の音が闇の中にきこえています。その音を聞き、自分の荒い息遣いに気がつくと、ロスタムははじめて恐怖におそわれました。

「予の目が光をとりもどすために、白鬼の脳と、白鬼の三滴の血が必要なのじゃ」

カーウース王の望みが記憶によみがえってきます。ロスタムはふるえる手で白鬼の頭を開き脳をとりだし、恐ろしい傷口からふきでる血をとると、洞窟の外に逃れ出ました。

四　父と子の戦い

少年ソフラーブの素姓

わたしたちは第Ⅳ章でファリードゥーン王の三人の息子サルムとトゥールとイーラジの話を読んできました。サルムとトゥールの二人の兄がイラン王国を継いだイーラジを妬んで、この末弟を殺した話です。

イランの東北にあたるトゥーラーン国は、このトゥールの血をひく王が代々統治しているところです。嫉妬と羨望によって起きたあの事件以来、隣りあうイランとトゥーラーンのあいだには憎しみが生じています。両国とも、相手の勢力が弱まれば敵の都に攻め入ろうと、隙をうかがっている状態が続いているのです。

さて、このトゥーラーン国にはサマンガーンという属国があります。これもイランの東北部にあって、毎年トゥーラーンに貢物《みつぎもの》を贈り、イランとトゥーラーンの二大国のあいだに生きている小国です。小国とはいっても人びとは誇りたかく、そして女性の美しさで知られたサマンガーン国です。

イランの若武者ロスタムが七つの危難をこえてカーウース王を救い出し、王の目にふたたび光を与えたことは前に見たとおりです。

しかしあの武勲も、ロスタムの数えきれない功名手柄の最初のものであるにすぎません。かれはその後も休むいとまもなく戦争、冒険を経験して、今は名実ともにイランの英雄というにふさわしい風貌を備え、落ち着いた年齢に達しています。

ある年のある日のこと、狩りの野で憩うロスタムのまどろみの間に愛馬ラクシュはトゥーラーン人らしい兵士らに捕えられサマンガーン国との境を越えて連れ去られてしまったようです。ロスタムも馬のあとを追って国境を越えました。ロスタムの威容は、たとえ愛馬ラクシュがなく地上を歩いていてもだれの目にもつきます。

サマンガーン国の王はかれを宮廷に迎え、数日の楽しい宴によって英雄をもてなした後、ラクシュにまたがるロスタムをイランとの国境まで送ったといわれています。

それからふたたび十年余の歳月が流れ、「めぐる天輪」はイランとトゥーラーンとサマンガーンのあいだにひとつのしかけをほどこしました。

　サマンガーン王には一人の美しい姫がいます。宮廷には姫の夫と名乗る人はいませんが、彼女にはソフラーブという名の一人の息子がいます。この子は生まれてからひと月のうちに一歳児のように育ち、三歳で武器を手にとり、五歳のときには獅子のように勇猛果敢の心をもち、十歳になったときは、同じ年齢の子どもはもちろん、年上の者もかれと力比べをすることはできないほどでした。

　そのソフラーブがある日のこと、宮殿にかけこんでくると、母である王女の前に座りました。

「母上、どうか本当のことを教えてください。わたしは友人のだれよりも体が大きく力も強く武芸にもすぐれています。しかしわたしは、友人に父の名をたずねられても答えることができないのです。

　母上、わたしの父上はどなたなのですか」

　ソフラーブはやっと十歳になったばかりです。体は大きくても、まだまだ子どもだと思って、今までくわしい事情を知らさずにきた母は、かれの目を正面からじっと見ながら次のように話しきかせました。

「わが子よ、よく聞きなさい、おまえはイランの名門ナリーマン家の英雄ロスタムの子です。ロスタムと言えば、祖父サーム、父ザールと代々世の英雄として名高い家系、おまえの体がだれよりも大きく、力が強く、武芸に秀でているのはロスタムの血筋のおかげなのです。

しかしソフラーブよ、早まってはいけません。わたくしたちの国サマンガーンは、もしもトゥーラーンに属した小国で、トゥーラーンはおまえの父上の国イランの宿敵です。トゥーラーンの王が、おまえの出生の秘密を知ったならば、イランの英雄の子であるおまえを、王は決して生かしてはおかないでしょう。今まで父上の名をおまえに明かさなかったのはそのためだったのです」

賢明な母は美しい小箱から、みごとな三つぶのルビーをとり出すと、ソフラーブの前におきました。三つの宝石は、少年ソフラーブの出生の秘密を語るかのように、陽《ひ》の光に紅《あか》く輝いています。

「おまえが生まれる前の年、イランとトゥーラーンの関係が、今日《こんにち》ほど悪くなかったころのことです。イランの英雄ロスタムが国境をこえて……」

母が語り聞かせる物語を、ソフラーブは目を輝かせて聞いています。ロスタムはサマンガーンの王女を愛し、二人は司祭の祝福のもとに結婚しました。

しかしトゥーラーンの属国であるこの国にイランの名将ロスタムがいつまでもとどまることはできません。ロスタムはイランに帰っていきました。

この別れのときの夫ロスタムのことばを、母はソフラーブに伝えます。

「もしも、生まれてくる子どもが娘なら、この紅玉を髪かざりにするがよい。また息子ならば腕輪にするがよい。家に代々伝わるこの紅玉によって、不幸にもわしの知らぬその子を、ロスタム家の者と知ることができよう」

少年ソフラーブはさけびました。

「母上、これほどの名誉をなぜ隠しておくことができましょう。ロスタムといえば世界で知らない人はおりません。あの英雄の白象との戦い、七難越え、トゥーラーンとの戦《いくさ》、そのほか数えきれない手柄話に、わたしたちの仲間は胸をおどらせているのです。そして、あの名馬ラクシュ！　ああ、どうしてこれほどの喜びを隠しておけましょう。

母上、わたしはこれから兵を集めてイランに攻め込み、イランの王座を奪い、父上ロスタムをイランの王座につけましょう。

その次はトゥーラーンへ攻め入ってトゥーラーン王の王座も奪いましょう。父上がイラン国王なら母上はイランの王妃です。息子であるわたしが父上を助けます」

少年の夢はとどまるところを知りません。天下の英雄の血をひくとはいえ、まだ戦いを知らず、母の愛によって育った十歳の少年にすぎません。国と国との戦いがどれほど苛烈なもので、一国の王がどのような策略を企てるかなどは、まだ十歳のソフラーブには想像もできないことでした。

そして「めぐる天輪」はこの少年と、まだ見たことのない父ロスタムのあいだに国王の策略以上のものをしかけているのです。

「母上、さっそく馬を手に入れなければなりません」

ソフラーブの小さな胸は早くも世界に向かって高鳴っているのです。

少年勇者の馬

「わたしを乗せて、わたしの武器も運べる馬は、こんなやせ馬ではありません」

少年ソフラーブが名馬を捜していることを知った国中の人が、次から次へとみごとな馬を連れてくるのですが、ソフラーブが片手を馬の背に置いただけで馬はつぶれてしまうのです。何という怪力！　驚嘆の声があがるばかりです。

ソフラーブが欲しい馬は、そのひづめが鋼鉄のように固く、かもしかのように大地を駆けて、魚のように川を泳ぎわたることのできる馬です。戦場にでるためには、どれほど重い武具を乗せても小山のようにビクともしない馬でなければなりません。
名馬といわれる数多くの馬を見て、どの馬にも満足できないでいたある日のこと、一人の勇士が次のような知らせをもたらしました。

「英雄ロスタムが、お忍びでわが国を訪れて、それによって若君ソフラーブが生まれた年、あの英雄の愛馬ラクシュも、わが国の名馬の血統をひく牝馬に、一頭の子馬を授けたといわれております。

この子馬は一歳にしてつむじ風のようにかけぬけ、稲妻のように跳び、山野といわず海であろうと鳥のようにひととびにします。力は象、勇気は獅子に劣りません」
やがて一頭の馬が現れました。巨岩のような体格、黒曜石のような鋭い目、強靭な神経のはりつめた筋肉……ロスタムの名馬ラクシュを知る人は、父馬の姿をこの馬のうちに認めることができます。

少年ソフラーブが近づくと、馬ははじめて自分を乗りこなす主人に会ったかのように落ち着いています。若主人は剣《つるぎ》をつけ、楯をとり、右手の槍が大地を突くと、馬の背にとびのりました……が、馬は身ゆるぎ一つしません。

ソフラーブの母は、夫ロスタムの勇姿を想い浮かべながら、馬上の若武者を見ています。

ロスタムを父とする少年が、ラクシュを父とする馬を得たとは！

ソフラーブは母に語ったとおり、まずイランへ攻め入る準備を整えます。国中の武将勇士が続々とソフラーブのもとに集まりました。小国とはいえサマンガーンの王子です、武具に身を固めたソフラーブのりりしい姿は絵のようです。ギリシアのかぶと、錦のよろい、インドの剣、美しい綬帯《じゅたい》（高い位をあらわす組みひもと大帯）をつけた馬――そして、ロスタム家のあの三つぶの紅玉をはめこんだ腕輪が陽《ひ》に輝いています。

「わが子よ、決して忘れてはいけません、この出陣は父上と戦うためのものではありません。父上はイラン第一の、いいえ世界一の英雄です。おまえがいかに若くたくましくても、父上から見れば、口もとに乳の匂いが残っている若輩にすぎません。それに、自分の父親と戦えば……ああ、神よ！」

母は不吉な予感におそわれたように天を仰ぎ見ます。

「母上、ご安心ください。戦場でイラン軍と向かい合ったら、敵方の旗印に注意しましょう。父上の軍旗は『竜』、旗頭は『黄金の獅子』。この二つの印を認めたら、わたしはすぐに名乗りでて父上をわが軍の総師として迎え、イランの王座を奪います。第一、この戦いには、父上の顔をよく覚えておいでの叔父上がおられるではありませんか」

　さて、この戦に参加するのはサマンガーンの勇士だけではありません。大国トゥーラーンが、一万二千の援兵を送ってきました。

　トゥーラーンの王はソフラーブの出生の秘密を知っていました。かれは、ソフラーブの母のおそれ――父と子の戦い――を推察して、しかもそのおそれが実現するように事をはかろうと考えていたのです。しかし、使者がもたらした王の書面によれば、『イラン攻略を志す若武者の勇気をたたえて、トゥーラーン兵一万二千をさし向けよう』というのです。

「ロスタムの子ソフラーブの剛力は末恐ろしいものがある。かれがもしロスタムと戦えば、若者の新鮮な力が老英雄ロスタムを倒すかもしれぬ。ロスタムなきイランはもはや王国とはいえぬ哀れなものにすぎない。別にさし向けるわれらの大軍が、あの国をおとし入れるであろう。ソフラーブはしょせん小童、勝ち戦に酔って寝ているところを殺してしまうのじゃ。

　また、もしもロスタムが若武者の生命《いのち》を奪えば、われらは、父が子を殺したといいたてよう。哀れ、勇名高いロスタムは、わが子を殺したわが腕をなげき悲しんで、自ら生命をおとすであろう」

さすがにトゥールの血をひくトゥーラーン王、腹心の者を呼びよせると、声をひそめてこのように語りきかせるのです。

「よいか、そのためには、父が子を、子が父を、たがいにそれと認めぬよう画策せい。ソフラーブには、父ロスタムの旗印を教えてはならぬぞ」

少年勇者は謀《はかりごと》があるとはつゆしらず、母に別れをつげると、援軍とともにイラン国境へ兵を進めていきます。

白牙城の女剣士

イランとトゥーラーンの国境には難攻不落といわれる砦があります。視線を遮るもののない荒野にたつこの砦は、純白のきりたった岩のようにも、また魔物の鋭い牙のようにも見えます。「白牙城《はくが》」――人びとにこう呼ばれてきたこの砦の主は百戦練磨の勇将ハジール。国境の守りがかれの手にゆだねられているあいだは、イランの安泰も疑いないと国王の信任も絶大なものです。

故郷サマンガーンを出立した若武者ソフラーブが、まずたち向かうのはこの白牙城でした。

「まず小手調べに、この砦を落としてみせよう」

ソフラーブは初めて戦《いくさ》にのぞむ勇者のだれもがそうであるように、自分の剣、槍、そして輪縄を試してみたくてたまりません。かれはただ一人馬を駆って白牙城の前にでると、敵に呼びかけました。たちまち、一陣の土ぼこりとともに、一人の騎馬の将があらわれます。

「この城の主、国境を守るハジールとはわしのこと。その方《ほう》ごとき若者と戦うには一人で十分。このことばが終らぬうち、その方の首はとんでいよう」

早くも槍がからみ、槍を捨てて鋼の剣が楯を打ちます。そしてこの当時の戦いの習いにしたがって、剣を捨て楯を捨て、最後は馬を駆りながらの組うち――岩と岩、山と山がぶつかりあう一騎打ちです。

ロスタムの息子ソフラーブは、やがて城主ハジールを大地に投げおとし、いまその首をはねようというとき、

「若武者よ、わが生命《いのち》を助けたまえ」

白髪《はくはつ》のまじる武将の哀れな姿でした。

「よし、この者からイラン軍のようすを聞き出すとしよう」

ソフラーブはハジールをしばりあげ、味方の者にまかせます。すると、白牙城の城門からあらたな一騎、若武者があらわれます。

「わたしに立ち向かう勇者が、トゥーラーン軍にいるか」

紅潮したほお！　この若者も初陣《ういじん》とみえます。鈴の音《ね》のようにひびく声はこの者の若さをつげているようです。しかし、馬を扱う手並はみごとなもの、手には弓をもっています。

ソフラーブは迎えでて、大声でさけびました。

「おお、自ら名乗りでた若き獲物《えもの》よ！」

敵はソフラーブめがけてたちまち矢の雨を浴びせてきました。かれは馬をけり、馬は地に跳ねとび、矢をそらせます。楯が矢をはね返します。敵は矢数がつきると、こんどは槍です。

ソフラーブは楯を構え、馬を駆った勢いのまま敵の胸もとに。よろめくところを、剣をぬいて敵の槍をまっ二つ。ソフラーブは馬をたて直しました。

槍を切った剣の勢いが敵のよろいを裂いたのでしょうか、相手のよろいはとけかかり、馬首をかえして逃げ出そうとしています。これを追うソフラーブ。馬が馬にぶつかり、相手の騎士が地上におちると——傾いたかぶとの下から、みごとな、長い黒髪がこぼれ落ちて若い騎士のひたいをかくしました。

「ああ、娘であったか」

ソフラーブの剣をもつ手もゆるみます。けなげに戦ったイランの勇者が女であるとは！

しかも、何という美しいほお、深い黒いまなざしをしていることか。サマンガーンの若者が生まれて初めて見るイランの美女です。かれはこの美しい獲物をひいて味方の陣地へもどろうとします。

すると女騎士の紅潮したほおに、美しいほほえみが浮かびあがってきます。真紅のナツメにもたとえたい甘いくちびる、真珠の歯のみえかくれする口もと。両眼はカモシカのやさしいひとみにもたとえられましょう。

「ああ、勇敢な騎士さま！　あなたは今までわたくしが戦った中でもっとも力強いお方です。しかし、よくお考えください。あなたの捕えた騎士が女であったと知れわたれば、天下の勇者というあなたのお名がすたりましょう。

こうなさってはいかがですか。わたくしと共に砦までおいでくだされば、そのお礼に城門を開け、財産も軍兵も砦も、すべてをあなたにさしあげましょう」

ロスタムの血をひく勇者とはいえまだ年若い少年です。ソフラーブは荒野に咲く一輪の花のような娘の美しさに魅せられて、彼女のあとに従って白牙城へ馬を進めました。

城門がわずかに開けられます。娘を乗せた馬はそのすき間から蛇のように城の中にすべりこむと、城門は音もなく閉められてしまいます。近々と見上げるソフラーブの目に城は不気味に牙のようにそびえているばかりです。しかし、今に城門が大きく開かれて、あの美女が城の宝庫のカギをもってくるのでしょう。

すると、高い城壁の上から、はなやかな笑い声がかれの頭上におちてきました。

「まあ、いつまでお待ちなさるおつもりですか。トゥーラーンの若武者さま、もうお帰りください」

ああ、だまされたのか！

くやしいのは自分に思慮が足りなかったことです。しかし、味方の手勢もないただの一騎では、この城を相手にどうしようもありません。

「あなたはトゥーラーン人にしてはみごとな体格。槍も剣も馬術もすぐれています。でもイランには、ロスタムという英雄がいます。かれの手にかかれば、若獅子の勇猛を誇るあなたも、生きては帰れないでしょう。

この白牙城から、トゥーラーンへお帰りになることをおすすめします。あなたのそのみごとな肩、大木のような首すじがむざんにも戦場の怒れるヒョウのえじきになっては、お母さまがおなげきになりますわ」

高らかな笑い声、あざけるような、さとすようなことば——高い純白の城壁の上にいる美女の姿は見えません。これは天からの声、「めぐる天輪」の声なのでしょうか。

しかしソフラーブは歯がみするばかりです。

「よし、あすはこの城を根こそぎ倒してやる。女よ、その時になってくやむな!」

かれは馬首をめぐらし、荒野をけちらして味方の陣営にもどっていきました。明朝、紅《あか》い太陽が東天に顔をだすやいなや、あの城に攻めこんで敵兵をひとり残らずしばりあげよう。

かれの若い胸には憤りが荒い炎をあげていました。しかしその炎の中には、わずかにひとすじながら、丈なす黒髪の美女、あの娘騎士へのあまい想いが入りこんでいるのです。

運命のいたずら

翌日、ソフラーブは白牙城にはいりました。予期していた抵抗はまったくなく、固く閉ざした城門を突き破って中に入ったときは、敵兵はもちろん、かれを策略にかけた美女も城内には見あたりませんでした。一夜のうちにかれらは一人のこらず間道《かんどう》をぬけて、国王軍本隊に合流したのです。

この日から、戦いは次々にイランの領土内で行われていきます。サマンガーンの若武者の勇名がイランの国中にひろまりました。

「幼な顔の、まだ十三歳にもならないトゥーラーンの勇士！　すこやかに伸びた糸杉の身の丈、若獅子の胸、肩はラクダの頑強さ。剣を手にすれば岩山も恐れおののき、槍をくりだせば天地もひるむという。手綱さばきは勇将ナリーマン家のサームか、白髪《はくはつ》のザールに匹敵しよう。いかなる敵も恐れず、ただ一騎で敵陣におどりこむあの勇気は、われらが英雄ロスタムを思わせる。

あれほどの勇者がおるとは、トゥーラーンも今はあなどり難い敵になったものよ」

しかし英雄ロスタムは敵軍接近の知らせをうけても陣営を動かそうとはしません。宿敵トゥーラーンはたしかに手強くはあるが、このロスタムを相手に、とても戦える軍勢ではない。うわさにきく少年勇者も、トゥーラーン人であればさほどのことはあるまい。

ロスタムは十数年前に訪れたサマンガーンの国、その国の美しい王女との婚礼の式を思い出します。あのやさしい姫に子どもが生まれたと聞くが……。

「いや、そんなはずはない。あれは、わが子ではあるまい。十歳を少し出たばかりの子どもが戦いに出るものか。だいいち、男の子か女の子か、わしはそれさえ知らないのだ」

悩ましい思いを絶ちきるように、ロスタムは酒宴の用意を命じ、竪琴をひかせます。イラン王の命令によって、あすはいよいよトゥーラーン軍との戦いに臨まなければならないのです。

朝の皇帝（太陽）がきらめく黄金の楯を手にして東天に昇ったとき、ソフラーブはギリシアのかぶとをかむり、インドの剣を腰にして、馬を駆り先陣にたっています。かれが追えばイラン軍は引き、攻撃すればたちまち四散する——若武者の目ざましい活躍です。

それから兵をとめて、今前方に陣容をたて直す敵イラン軍の本陣を見渡したとき、初陣の興奮のほかに、ソフラーブの胸の奥に一つの感動がわきあがってきました。

「きょうの戦いで、まだ見ぬ父上にお目にかかれるかもしれないのだ！」

かれは出陣のときの母のことばを思い出します。二の腕に輝いているロスタムの三つぶの紅玉は、今はよろいの下にかくれています。

ソフラーブは小高い丘にたって、イラン軍の全陣容を見おろしながら、白牙城で捕えた城主ハジールにいいました。

「白牙城の主、ハジールよ、まちがいなく答えてください」

捕われの将の耳に少年の声が凛《りん》とひびきました。

「あの錦に輝く大幕舎《だいばくしゃ》——百頭の象がその前を守り、旗印は黄金の陽《ひ》、旗頭《はたがしら》は黄金の月——その幕舎の中央、青いトルコ石の座にいるあの大将はだれですか」

ハジールはひざまずいて答えます。

「おお、あれこそはイラン国王でございます」

「その右手、群がる兵に囲ませて、象の旗印を掲げた黒い幕舎にはだれがいるのです？」

「あれこそは名高い勇将トゥース殿」

合戦がはじまる前の、両軍が勢ぞろいした情景は、晴れの儀礼の場といえましょう。色とりどりの陣幕、旗、のぼり、勇士たちのはなやかな武具の姿は、天からさずかった生命《いのち》を天に返すために、生命の力をうたいあげているようにみえます。

ソフラーブは陣幕をはった将の名を次々に聞きだします。

「旗はスミレ色、印は獅子の、あの赤い陣幕はどなたです。

おお、何と多くの兵士が、剣、槍を手にして守っていることか」

「あのお方は、勇猛果敢なグーダルズ殿。いずれも劣らぬ八十人の息子が、あのように名将を守っているのです」

「では、緑の大陣幕をめぐらして、『竜』の旗印、『黄金の獅子』の旗頭はどなたですか。

夜の岩にほえる怒濤のような馬のいななきのなかにいて、悠然と座っているあの将軍は、今までのだれよりもりっぱな武将と思われるが、神に誓って、真実をおっしゃってください」

こんどこそ、父ロスタムの名が出るであろう――胸をおどらせてハジールを見る若武者です。

ハジールは、この少年勇者がロスタムの子であるとは、もちろん知りません。しかし、白牙城まえでの一騎討ちの、あの腕前では、われらイランの英雄ロスタムも危いであろう。もしも真実の名を告げれば、血気にはやるこの若武者は、英雄ロスタムから英雄の名を奪うために、まず「竜」の旗印、「黄金の獅子」の旗頭を襲うであろう。

ロスタムの名はいわずにおこう。

ハジールは首をかしげると、

「たしかあれは、シナから来たばかりの勇将……名はぞんじません」

「シナの将？　いや、あのように丈高く、巌《いわお》のような肩を恵まれて……

あの方が、英雄ロスタムではありませんか」

「いやいや、あれはシナのお方」

『では、母上が教えてくださった「竜」と「黄金の獅子」の印はまちがいであったのか！』

一方ハジールは、功名心にはやる若武者の顔に失望のいろがうかぶのを見て、自分がまちがっていなかったことを確信します。

『そうだ、ロスタムを教えてやらぬほうがよいのだ』

「めぐる天輪」は父を求めるソフラーブのためを思って、ロスタムの名をかくしました。

ハジールはイラン王国のためを思って、ソフラーブに、まず第一の矢を射かけたのでした。

ソフラーブは、なおも陣幕の勇将をたずねていきます。

黄金の旗頭は天にまでとどくほど、無数の騎士や象に囲まれた幕舎は、勇者のなかの勇者ギーヴ殿《どの》。

白い幕舎に錦のたれ幕、千人の兵の手にする二叉槍《ふたまたやり》と楯が、きらめく水晶の林と見えるのはイラン王子のもの。

黄色の陣幕、多彩の旗、イノシシの旗印、白銀の月の旗頭は、いかなる危難にも耐える剛の者グラーズどの。

世に名を知られたイランの勇将の名がすべてあげられたのに、ロスタムの名は出てきません。

「あの緑の陣幕……丈高い武将、旗印が『竜』……」

気にかかる「竜」の旗印と「黄金の獅子」の旗頭ですが……

「シナのお方の名は存じません」

「あれがシナの将であるならば、イラン国の守護者といわれる英雄ロスタムはどこにいるのです」

するとハジールはおちついて答えます。

「あなたはロスタムに関心をおもちのようですが、イランの英雄はあなたに関心がないのでしょう。

今ごろは酒杯を手にして悠然と、イラン軍勝利の知らせを待っているにちがいありません。

第一、あなたのようなお若い方が英雄ロスタムに手向かえば、たちまちひとにぎりの土と化してしまいましょう」

このことばでソフラーブの心は決まりました。

『この戦場に、父上はおられない。

よし、思うぞんぶん暴れ狂うだけだ』

父に会えない悲しみは、武勇をねがうあらあらしい血の騒ぎのそこに沈んでいきました。

ソフラーブが、輪縄、弓、剣、槍、鋼鉄の矛をあらためて戦《いくさ》の準備を終えたとき、叔父の死が告げられました。この合戦にのぞむわが軍の内、ただ一人英雄ロスタムを知っている叔父上！

「めぐる天輪」はこうして第二の矢をソフラーブに見舞ったのです。

父と子の戦い

叔父の戦死を知ったソフラーブは、巨象のようなさけび声をあげながらイラン王の幕舎めがけて馬を駆りました。

「わたしは誓う！　イラン国王は絞首台にかかるであろう。

この戦場からイラン軍の兵は、一人たりとも生きて帰れぬであろう。

わたしの槍にたち向かう者はいるか」

イラン王は、わが陣営からだれ一人名乗り出る者がいないのを見ると、ただちに英雄ロスタムを迎えにやりました。

ロスタムは虎の皮の胸当てに錦の帯をしめ、愛馬ラクシュにうちまたがって進み出ます。

「たかが若造ひとりに、味方のこのあわてようは何ごとじゃ」

数知れぬ戦場をふんできたロスタムは、若木のような武者を見てもおちついています。ソフラーブは叔父を失い、父に会えぬ怒りにふるえています。

「来たれ！　一騎打ちだ。

イランもトゥーラーンも、どちらの兵も手出しをするな」

一人はラクシュに、一人はラクシュの子である馬にのって、かれらは遠く戦列を離れます。じゃまの入らぬ場所で一騎打ちをしようというのです。

今は、たがいに相手がだれであるかを知らず向かいあう二人。ふと、ソフラーブの胸に、はじめて会う老勇士をなつかしむ感情がわいています。

「ご老体、あなたの肩は巌《いわお》のように強く、鞍の上の腰は小山のようではあるが、わたくしの一撃に耐えることはできますまい」

ロスタムはおだやかにことばを返します。

「若武者よ！　老いたりとはいえ、戦場に育ち、戦場に生きて数知れぬ敵をたおしたわしじゃ。ようしゃなくかかってくるがよい。

だが何という、ういういしい若者であることよ。ああ、神よ、この者の生命《いのち》を奪うとは！」

まもなく槍をとり、剣をぬき放つソフラーブの頭に母のことばがひらめきます。

「ひとことだけおたずねしたい。どうか真実を語ってください。あなたはイランの英雄、サーム・ナリーマン家のロスタムどのではないのですか」

「ロスタム……このわしが？……」

初陣《ういじん》の若者にしてはおちついたようす――こう見てとると、かれはことばを続けます。

「いや、わしは英雄などではない。さまざまな武勲をあげはしたが、名もない武士にすぎぬのじゃ」

世の英雄とうたわれたロスタムが、若武者に倒されたとあれば、大国イランの名折れになる――こうロスタムは考えたのです。

一方ソフラーブも、これほどたずねても名乗ろうとしない老兵に、自分の名を告げる必要はあるまいと考えたのです。

ソフラーブに「めぐる天輪」の第三の矢が当たりました。

「めぐる天輪」はこのように、人の心をもてあそんで、現世という仮の宿の、白と黒、幸と不幸、善と悪とをすり替えてしまうのです。

二人が扱う武器は、まず短い槍、次がインドの剣でした。親と子は、実の像と、鏡が映しかえす像のようなもの——ロスタムの剣、ソフラーブの剣は同じ速さ、同じ力で撃ち合わされ、鋼の刃《やいば》は欠けて、ふた振りの剣はやがて二本の鉄棒のようになってしまいます。鎚矛《つちほこ》をふるえば鎚矛は曲がり、鎖かたびらは音をたてて飛びちり、馬も人も疲れはてて、汗と泥にまみれ、どちらがロスタムでどちらがソフラーブか見分けもつきません。

口の中は砂漠のように乾いています。胸の内は空《むな》しい炎に燃えて、手も足も動かず、父は苦しみ、子はあえいでいます。

海の魚、荒野の動物でも、父と子が戦うことはありません。相手をたおすことに望みをかける人間だからこそ、血を分けた父と子の見境がつかないのです。

「若者よ、もはや日は暮れた。この戦いに天の審判が下されるのは明日のことじゃ」

相手の力に対する驚嘆を胸にいだいて二人は別れ、第一の戦いは終わりました。

味方の陣営にもどると、ソフラーブは慈雨を得た若木のように、たちまち体に力のあふれてくるのをおぼえました。ああ、もう少しのあいだ陽《ひ》が天にあれば、あの勇士をたおすことができたのに。

それにしても、あの胸の鋼のような強さはどうだろう。帯をつかんでもビクともしない腰の重さ、振りおろした鎚矛に耐えたあのラクダのような肩！　かれが今までに戦ってきた勇士とは比べものにならない手ごわい相手でした。

青春は力です。若さは未来を恐れません。ソフラーブは明日に期すところがあるのでしょう、酒宴の用意をさせます。やがて紅い酒をくみ、琵琶の音《ね》を聞くうちに、あの老勇の鋼の胸の感触がよみがえってきました。かれは、トゥーラーン王の援軍を率いる将軍を呼びました。

「今日わたしが戦ったあの相手は、ロスタムではなかろうか。獅子のような胸と肩、首すじまでが、教えられた英雄ロスタムの体つきに似ているが」

将軍は王の厳命を忘れてはいません。

『父が子を、子が父を、たがいにそれと認めぬよう……』将軍は次のように答えました。

「いや、ロスタムはもっと恐ろしいやつ。あなたの力でもおそらくかないはしますまい」

このことばにこめられた毒は、若者の功名心をあおるものでした。ソフラーブはたちまち武勇の心をもやし、活力をよみがえらせると、明日の戦いを夢見ながら心地よい眠りに入りました。

ロスタムは――すでに数えきれない生命《いのち》を倒してきた老勇です。今日の戦いで思い出すのは、武器をとる前のあの若武者のなつかしげな視線です。そして若者らしからぬ鋼のような体。武器をとって渡り合えば、槍、剣、鎚矛をあやつる確かな技は舌をまくばかり。肩にうけた鎚矛のあの一撃は、あやうく参るところであった。

それにしても、トゥーラーンの名もない若武者が、世の英雄とうたわれた自分をあれほどに苦しめるとは！　ああ、老齢には勝てぬのか……。

父ロスタムは、子ソフラーブが紅い酒を飲んでいるというのに、弟を呼んでこう告げるのです。

「明日《あす》の戦で、わしの屍《しかばね》を戦場に見い出そうともなげいてくれるな。その時は、すぐに故郷に帰り、まず母上を、又父上をなぐさめてくれ。王も英雄も、父と母から生まれた者は、この世に永遠にとどまることはできないのだから」

夜の闇に閉《と》ざされて、イランとトゥーラーンの両軍は静寂のうちに眠っています。

月も、ロスタム、ソフラーブ親子の戦いを悲しんで姿をみせず、星が涙のように天空に光っていました。砂漠と荒野に、朝がしのびよってきます。

朝をつげるのは明星のきらめき――朝風が吹きわたると、イランの国の戦場は闇の中からたちまち白光の中にうき上がってきました。しかし両陣営はまるで死んだもののように、物音ひとつたてません。

最初に聞こえたのは、ラクシュのいななきでしょうか。それに呼応するいななきがソフラーブの陣からたつと若武者は目をさましました。

一夜の眠りが若者から疲れをとり除いています。かれは愛馬が勇みたかぶるのをなだめると、鎖かたびらを身につけ、敵にとどめを刺す短剣をあらためました。地上に鮮かな敷き物がしかれています。ソフラーブはその上で十分な腹ごしらえをしました。父と子を一つの戦いに投げこんだ「天輪」は、きのうの戦いのあとを朝風によってすでに消していました。

老勇士の姿を遠方に認めると、ソフラーブの鎚矛をとる手に勇猛の力がこもります。しかし間近に向かいあったとき、不思議なことに、若武者のほおには、一夜の宴をともにしたような親しみのほほえみが浮かんでいるのです。

「ご老体、ご気分はいかがですか。わたしは、この残酷な鎚矛をなげ捨てて、神のみ前であなたと和を結びたいのです。どうかあなたのお名前を明かしてください。わたしは……」

「若者よ、きのうはそなたのそのような誘いにわしの力もにぶったが、今日はだまされぬぞ。戦いにことばは無用じゃ」

ソフラーブはふたたびやさしい心を捨てて戦わなければならないのです。二人は馬をおりて岩角につなぐと、よろい、かぶとの緒をしめて向かいあいました。

この戦いには憎しみはなく、ただ苦悩があるばかりです。汗と血と泥にまみれ、相手の腕をとり、帯をつかみ、投げ倒し、組み伏せる肉体の苦悩だけではありません。かれらの胸の奥深くに埋められた、同じ一つの秘密が「めぐる天輪」の手に弄ばれている苦悩なのです。かれらは獅子のようにつかみあい、酔った象のように体を打ちつけあい、傷ついたヒョウのように血を流し、戦いはむごい灼熱の太陽が東から西の空にわたるまで続きました。

ついにソフラーブは敵の帯をつかみとると、この苦しみを終わらせるために、最後の力をふりしぼります。若者の胸の底から、怒り、うらみ、悲しみのさけび声があがります。老獅子は大地に投げだされました。

若者はその胸に馬乗りになって、敵ののどもとを押さえつけると、きらめく短刀をぬきました。

老勇ロスタムは、これまでの長い戦いの生涯で数えきれないほど、今自分を刺そうとしている若獅子の立場にあったことでしょう。かれは、おちつきはらってこういいました。

「若者よ、そなたは戦いの作法を知らぬな。われらイランの習いを教えてつかわそう。今日、この地でわしとそなたが戦ったこのような一騎打ちでは、一度の勝ちはまことの勝利ではない。二度目に組み伏せたときこそ、相手の首をはねる栄誉が与えられるのじゃ」

ソフラーブは手を放し、ロスタムはこの策略によって若獅子の爪をのがれたのです。しかし、わが子である敵に、勇気と寛容と、そしてあの「運命」がなければ、イランの英雄の生命《いのち》はなかったことでしょう。

一日の格闘に乱れたよろいかぶとの姿でソフラーブがもどってくると、トゥーラーン援軍の将が迎え出ます。かれは、戦いの顚末を聞きとると、若者の思慮のなさをなげいて天を仰いでから、ふたたび毒をふくんだことばをはきだしました。

「ああ、腕は強いが分別のない若者よ、そのようなたわけた習わしがどこの国にありましょう。あなたは獅子を捕えてから、その獅子を放つために一日戦ったのですか」

ソフラーブは自分の無知と、寛容を恥ずかしく思い、自分自身への怒りを明日《あす》の戦いへの糧としました。

まだ若かったころのロスタムは、岩を踏めば足が岩にめりこむほどの力を神から授かっていました。敵と戦うとき不利にもなるこの過剰な力を、かれは神に祈って取り除いたのだといわれています。

今日、自分を組み伏せた強敵——実はわが子ソフラーブ——をだまして危機をのがれたロスタムは、川の流れで身をきよめると、地にひれ伏して天なる神に祈りました。

「神よ、はじめの力を、わたくしにおもどしください」

神は高齢の英雄をあわれみたもうたのでしょう、ロスタムの全身に若い力がよみがえってきました。

戦いの朝の光が剣《つるぎ》のように、大地をおおう夜の闇を切り裂いたとき、この父と子の頭上では、大きな不運が最後の鐘を打とうとしています。

ソフラーブは輪縄を腕にかけ、弓を握り、若獅子のさけびをあげて馬を駆ってきます。

ロスタムは、それが若い時の自分の姿であるとは気がつきません。かれは若者の威勢を見て驚嘆し、その力を推《お》しはかり、今日一日の戦《いくさ》を思いめぐらすのでした。

「獅子の爪からのがれた老人よ、生命《いのち》が惜しくないのか。なぜわたしの前にふたたびあらわれたのか」

かれらは馬をおりてきのうと同じ岩角に馬をつなぎ、たがいに固い革の腰帯をつかみとると、戦いがはじまりました。

「めぐる天輪」は勇士ソフラーブの怪力に締輪をかけていました。老勇ロスタムが若者の力を得ていました。かれが怒り狂ってソフラーブの頭と肩をつかみ、その背をねじまげると、若武者の体から力がぬけていきました。

ロスタムは敵を大地に投げ、腰の短刀をぬき、すばやく勇敢な息子の胸に突き刺しました。

胸は血を失い、目は光を失っていきます。ソフラーブは最期の息を天にかえすとき、「めぐる天輪」がしかけた現世《うつしよ》の善と悪、幸と不幸の絆から自由になっていました。

「ご老人、あなたに罪はない。これは、運命がわたくしのカギをあなたの手におとしたのでしょう。わたくしは父がだれであるかを知らずに育ち、父の名を知らされて、その父を求めてあなたの国まで来たのですが、会うこともできずに若い生命は死んでいきます。

しかし父がわたくしの死を知れば、父を捜しながら土を枕に死んだ息子の仇《あだ》を、父ロスタムが討ってくれるでしょう」

目の前の世界が闇になり、魂も肉体もその闇の底におちていく――ロスタムは我にかえると、

「ロスタムの子だという証拠があるのか！

ああ、ロスタムの名よ、英雄勇者のあいだから消えてしまうがよい！　若者よ、ロスタムはわしじゃ」

ソフラーブの意識はすでに薄れかかっていました。かれは薄絹をすかしてみるようにロスタムを見つめます。

「ああ、あれほどお願いしたのに、あなたは名乗ってくださらなかった！　このよろいの下の腕輪をごらんください。出陣の日に、母上がこれをくださった。『父の記念の品……ロスタムの息子の印……』」

父ロスタムがよろいをとくと、冷たくなりかけた息子の腕に、三つぶの紅玉の腕輪があらわれます。

「おお、わが手にかけて、わが子を殺したのか！」

父は髪をかきむしり、血を流し、わが手を、そして天を呪います。

「なげいてはいけません。自らの生命《いのち》をちぢめてはいけません。起こるべきことが起こったのです」

ソフラーブはこのことばとともにかれの短い生命《いのち》を天に返しました。

日没のころ、イランの陣営から二十人の勇士がしのび出て、親と子の戦場に近づいていきました。

荒野には二頭の馬が立っているだけで、ロスタムも、若武者の姿も見えません。戦いのはげしさを記す跡が地上に描かれているだけでした。

それからしばらくのあいだ、ロスタムのゆくえは知れませんでした。

おわりに

ペルシャの神話は、ロスタム父子の戦いで終わるのではありません。彼はふたたび姿を現し、その死後にも多くの王や英雄が出現しています。しかし「父と子の戦い」以後、「神話」はより人間的な愛の物語の世界にはいっていきます。

義理の息子である美しい王子に向ける王妃のすさまじい恋、また『ロミオとジュリエット』を思わせる純愛……など。

しかし「神話」でも、また十二世紀ごろから書かれるようになる「恋愛叙事詩」でも、そこに登場する王、王妃、姫、英雄たちの幸、不幸の美しい物語の背後には、必ず「めぐる天輪」が支配しています。

イランの人びとは有史以来、今日《こんにち》でも苛酷な砂漠の国に生きる自分たちの人生を、きっとそのように惨い儚いものと考え、そのためにいっそう神のまえにひれ伏して祈りを捧げているのでしょう。

その後のロスタム――彼は死を決して死に場所を求め、また死者を甦《よみがえ》らせるという霊薬を求めますが、これもかないません。ロスタムはふたたび俗世の事件にかかわります。しかしすべてのイラン人が敬愛するこの英雄の最期は哀れです。地に深く掘られた穴の底に、数知れぬ槍、剣《つるぎ》が刃《やいば》を上に向けて突きたてられている――その地の闇の中に愛馬ラクシュと共に落ち、ついに生命《いのち》を天に返しました。

なお、この神話は原典を参考にし、様々の参考資料から抜粋して一つの形にまとめあげたものであることをおことわりしておきます。

参考文献として以下のものを挙げておきたいと思います。

伊藤義教『ペルシア文化渡来考』(岩波書店、一九八〇年)

フィルドゥスィー著、黒柳恒男訳『王書 ペルシア英雄叙事詩』(平凡社東洋文庫、一九六九年)

黒柳恒男編訳『ペルシアの神話 王書より』(泰流社、一九八〇年)

Afsānehāyi az Shāhnāme, Tehrān n.d.

A. J. Carnoy, *Iranian Mythology*, Boston 1917

E. Yārshāter, *Dāstānhāye Shāhnāmeh*, Tehrān 1959

B. Faravashī, *Jahān Farvary*, Tehrān (T. University, No. 1572)

Shāhnāme, Berukhyūm, 10 vols., Tehrān 1934-36

さいごに編集の前澤美智子さんに大変お世話になりました。感謝の言葉を捧げたいと思います。

一九八一年七月七日

岡田恵美子

文庫版あとがき

近ごろ電車の中で本を読んでいる人を見かけなくなった。実際は揺れる電車の中で文字を読むことは目にはよくない。けれどあの風景は本好きな日本人の風景として中々好ましいものだと思っていたのだが。

しかし、本書の舞台であるイランでは本や新聞を読むより話す人の方が断然多い。女たちのおしゃべりはどの国でも同じだが、イランで見るような男のおしゃべり――話し好きは他所の国ではめったに見る事はないだろう。

本書で紹介した神話や英雄伝説の地に生きる現代イランの人びとの暮らしの一部を紹介して「文庫版あとがき」としたい。

イラン人の多くは、イスラム教徒である。イスラム教徒の戒律によって、朝（日の出前）、昼、夜（就寝前）、そしてその中間に二回、合わせて五回、彼らはどこにいても、メッカの方角に向かって祈禱を捧げる。礼拝堂が近くになければ、家でも庭でも通路でも場所は選ばない。だからイスラム国では聖地の方向にトイレなどは作らないのが常識だし、祈りは車の中でも航空機の中でも行われるので、最近の空の便には祈禱の場が用意されている。

祈禱の前に彼らは顔・手足を丁寧に洗う。寺院には必ず水場が設けてあるのはそのためである。礼拝堂でも家庭でもメッカの方角を示すようにコーランが置かれ、礼拝用の絨毯《じゆうたん》が敷いてある。そこへ向かってコーランの一節を唱えながら立ったり、座ったり、右と左へ挨拶のしぐさをする。これを見ているとイスラム教徒は世界の宗教信者の中でも非常に清潔で真面目であると思われる。

この祈りを一日五回、毎回ほぼ十五分行えば、身体は健康になること間違いない。だから「Aさんは祈禱をさぼったから病気になったのだ」などと言われることもある。

イスラム教徒には年一回断食月というものがある。今年は三月二十三日〜四月二十一日までが断食日に当たる。ただし幼児、病人、妊婦はこの業に参加しない。幼児はおよそ五、六歳で、半月だけ参加する者もある。

この間イスラム教徒は日の出から日没まで、水を含む一切の食物を摂らない。これは日ごろ肉や米、揚げ物を多分に摂るこの地方の人びとの健康にも大いに寄与するものと思われるが、一カ月の断食は中々の苦行だ。

筆者も一度この断食に参加した事があるが、夕刻の断食明けの鐘の待ち遠しかった事、昼食を抜くつらさの思いの外苦しかった事は忘れ難い。

彼らは日の出前に食事をたっぷり摂って一日に備える。主婦はバターで炒めてたいたご飯を盛り上げる。朝食をたっぷりとって午前中の仕事は早めに能率をあげ、午後はできるだけゴロゴロして過ごすのが断食月の習慣である。断食月の前は町にカロリーの高い「ナツメヤシ」や「ピスタチオ」などが山積みされてまるでお祭り気分のような賑わいになる。

断食で抜いた昼食一カ月分の食事代は寺院に寄進され、貧しい人々に与えられたり、寺院の修復に使われるという。

さてイスラム国の休日は金曜日であることはよく知られている。イランの人びとは金曜日にはよく隣人や友人を招いて食事をする。日本のように休日ひっそりと家族だけで過ごすことはまず無い。

客人は近隣の人、知人友人、たまたま訪ねてきた客人等々……。見たこともない友人の友人ということも大いにある。

彼らは車座になって絨毯の上に大きなビニールを敷いて食卓とし、大皿に盛ったご馳走が並ぶ。彼らの正餐は昼食なので、肉や揚げ物などは昼食にとるのだ。

さて、短い祈禱の後賑やかなおしゃべりで食事が進むが、そこで主人が口を開く。

「皆さん、ロスタムの話はよくご存じだろう。あの悲劇、ロスタムとイスファンディヤールよ」「いや霊鳥に育てられた白髪の子の話よ」「しかし白髪で生まれるとはな」

イラン人の多くは黒目黒髪であるから、白髪は何かの天罰のように感じたものと思われる。

しかしこの白髪の子供が鳥に育てられ、やがて霊力をもった英雄となって数々の悪を滅ぼす——等々。

この本はイラン人が幼い頃から父や母に聞かされた話を集めたものだ。その話は今もこうして、イランの人びとの生活に息づいているのである。

この書を記すに当たって、いつもながら私の書に関わっていただくことになった沓掛良彦先生、現地から常に新情報を知らせてくださる梨本博氏に厚く御礼申し上げたい。

また、私の体調にお心遣いいただいている主治医の鈴木知子先生、医師の水島一誠先生、大熊悟先生、私の一の友である菊池雅子さんをはじめ斎藤純子さん、川田静枝さん、松谷寿子さん、千葉亜紀子さん、ヘルパーの皆さん、読書好きな私の親族たちに心から御礼申し上げたい。そして何よりもこの書に再び光を当ててくださった出版社の方々に厚く御礼申し上げる次第です。

なおこの書の初版の折、常にアドバイスを惜しまなかった亡夫岡田正直の霊にも感謝の念を捧げることをお許し願いたい。

二〇二三年二月

岡田恵美子

解説　ペルシャ神話の多彩な世界

沓掛良彦

神話は民族の魂であるとよく言われます。ある民族がまだ揺籃期にあるとき、その民族の抱いていた世界把握の仕方や自然観、人間観、宗教的感情といったものを、神々の行為を通じて、描き語ったものが神話だと言ってよいでしょう。古来、原始的、未開と言われる民族、部族を含め、ほとんどの民族が固有の神話をもっています。古くはメソポタミアをはじめとする古代オリエント世界が生んだ豊かな神話があり、わたしたち日本人の眼にはいささか奇異なものに映る、動物の形をした奇怪な神々がうごめくエジプトの神話もあります。『旧約聖書』でユダヤ民族の歴史として物語られている宗教色の濃い伝説的記述なども、太古のユダヤ民族の神話にほかなりません。

ヴェーダ神話、ウパニシャッド神話、それに叙事詩『ラーマーヤナ』、『マハーバーラタ』で物語られているプラーナ神話などからなる、インドの神話もなかなかに壮大ですし、主神オーディンを頭とする神々が激しい戦いを繰り広げる荒々しく勇壮な北欧神話などもあり、かつてはヨーロッパ大陸の大民族で多神教だったケルト人の遺した神話なども伝えられています。

日本にも『古事記』の「神代巻」で語られている国家神話的色彩の濃い天孫系神話や、これも『古事記』にとりこまれている、それとはやや系統を異にする出雲系神話、筑紫日向系神話などがあることは、皆さんもご存じのとおりです。世界には「神話なき国」とも言われる中国のように、早くから儒教の合理的思考に妨げられて神話が成長発達せず、ついに体系的な神話をもたなかった国もありますが、その一方で古代ギリシア人のように、民族自体が神話に養われてそれにひたり、その生み出した文学全体も神話を主要な題材としていた民族もあります。おそらく古今の東西の神話の中でも最も文学的であり人間臭く、魅力にあふれているのはギリシア神話でしょう。神々とその血を引く人間たちが織りなすさまざまな愛や戦いや苦難の物語は、ギリシア人がいかに豊かな神話的想像力に富んでいたかを、如実に示しています。神話がホメロスの叙事詩をはじめとするあまたのギリシア・ローマの文学作品に主題を提供したばかりか、ギリシア・ローマの文明の終焉以降も、近・現代にいたるまでヨーロッパの文学、絵画をはじめとする芸術の主題となり生き続けていることはよく知られているところです。いずれにしても、個々の民族のもつ神話が、その民族の世界観、精神性、ものの考え方、自然現象とのかかわりといったものを映し出す鏡となっており、その民族の心を読むのに欠かせないことは事実です。本書でペルシャ神話の精髄とも言えるいくつかの神話伝説を、楽しく美しく物語った岡田恵美子先生が、「神話はその国の宗教であり、哲学であり、文学でもあります。そして何より、その国の人びとの魂そのものだからです。」と述べているのは、まさにそのことを言ったものでしょう。

さて読者の皆さんが本書でふれるペルシャの神話ですが、古今のあまたの神話の中でもちょっと毛色の変わった、異色のものであるように思われます。それはギリシア神話や北欧神話、あるいは日本の神話のように、さまざまな神々を主人公とし、かれらの行動する世界ではなく、むしろ伝説の中の存在である古代イランの王や英雄の生涯や事績、イランを取り巻く国々とのせめぎあいなどを物語った、伝説、伝承といった色合いの濃いものだと言えるでしょう。ただし、いわゆる純然たる神話的な伝承、神話伝説が存在しないわけではなく、最初の方で物語られている、ゾロアスター教時代に成立した天地創造神話や、ペルシャ神話の最大の特徴である「光と闇の闘い」の物語などが、いわゆる純神話的な部分をなしています。「天地創造」神話に見られる、宇宙が巨大な鳥の卵の形をしていたという神話伝説は、古代オリエントのもので、これは「宇宙卵」と言われ、後にギリシアにも伝わって、オルフェウス教の神話では、世界はやはり鳥の卵の形をしたものから出来上がったと信じられていました。旧約聖書では神はわずか六日間で宇宙ともろもろの被造物を創り上げたとされていますが、アフラ・マズダー神は、三百六十五日にわたって天地と被造物の創造をおこなったと語られています。旧約聖書では、天地創造を終えた神は七日目に休息の一日をとったとされていますが、マズダー神が天地創造の間に、六度にわたり五日間の休息をとったというのはおもしろいことです。全能の神もやはりお疲れになるのですね。読者はこのユニークな天地創造神話を、『古事記』に物語られている「国生み神話」や「神生み神話」などと比較しながら味わうと、いっそう興味深いでしょう。天地創造の物語の後に、光と闇の闘いが登場するというのも、いかにもペルシャの神話ならではです。

神話と宗教は密接に関係しており、時には神話そのものが宗教であったりもします。アーリア民族の一つであるイラン人は元来多神教で、ゾロアスター教以前の古代ペルシャの宗教は、アッシリア・バビロニアの信仰と、アーリア系の信仰の混交したものだったようですが、その後アケメネス朝、パルティア朝、ササーン朝時代と時代が移り変わるにつれて、大きく変質していったと見られています。しかしその根底にあるのは火の崇拝で、その本性が光であるアフラ・マズダーと呼ばれる強大な力と知恵を備えた神が存在し、人々の崇拝の対象になっていました。前六世紀から七世紀頃に、「拝火教」とも呼ばれる、火を崇拝し、光と闇の相克、善悪二元論などを特徴とする宗教がゾロアスターによって創始され、以後七世紀にイラン人がイスラム教を受け入れるまで、これがこの民族の宗教となりました。この宗教の世界把握の仕方は、その後イラン人がゾロアスター教を捨ててイスラム化した後も、長くイラン人の心に刻印されて残っていると、岡田先生も指摘しておられます。

古代ペルシャは元来多神教だったのですが、マズダー神がアケメネス朝歴代の王たちの崇拝を受けたため、他の神々を影の薄いものとし、神々の王者、天界の支配者、万物の創造主として絶対神としての位置を占めるに至ったのです。本書で語られている、光と真理の神である善神アフラ・マズダーと、闇を象徴する虚偽の神である悪神アハリマンとの対立と戦いは、その後も一貫して、イスラム化された後のイラン人の心の根底にも潜む、光を希求し闇を恐れる心性を反映したものでしょう。劫初以来善神と悪神が存在して敵対し、それがずっと続いて、その後の王たちや英雄たちをはじめとする人間たちの行動やいとなみに影響を及ぼすというのも、ペルシャ神話の特質で、イラン人の神観念を物語っているように思われます。

本書を読めばすぐに分かることですが、先に言ったように、ここで語られている「神話」の大部分は、唯一神ないしは神々を物語ったものではなく、イラン初代の王とされる伝説的な存在である原始人間カユーマルスの物語に始まり、英雄ロスタム父子の悲劇的な戦いで終わっています。つまりは神話として語られているのは、たとえばギリシア神話に見るような「不死なる者たち」である神々の事績や所業ではなく、むしろ神話的色彩が濃い歴史伝説ともいうべきものです。岡田先生が説かれているように、これはその伝説・伝承が、イラン人がアッラーを崇拝する一神教であるイスラム教を受け入れた後に書かれたフェルドゥスィーの叙事詩『王書』(一〇世紀~一一世紀頃の作品)に拠っているためで、人間の形に似た「神々」はもはや存在せず、登場するのはもっぱら歴史時代に入って以後の超人的な能力を備えた王者や英雄だったり、それを敵視、対立する邪悪な人間だったりし、神とその敵である悪神は背景に退いています。そのため神話伝説とはいっても、はなはだ人間臭いもので、その点われわれになじみ深いギリシア神話などは大いに趣を異にしています。「不死なる神々」はその本性からして永続的な苦悩とは無縁ですが、このペルシャ神話の登場人物たちは、たとえ超人的な英雄であってもあくまで人間ですから、人間としての功名心も、苦悩も悲嘆も愛欲も憎悪もあって、それによって行動しているだけに、私たちの同情や共感を誘い、また感嘆を呼び起こしたりもします。そのことが、純然たる神話というよりも英雄伝説・歴史伝承としての色合いの濃いペルシャ神話の魅力になっているとも言えましょう。

さて天地創造の神話に続く、「国造りの神話」カユーマルスに始まるイランの善王たちの功績や七百年にわたってイランを治めたという偉大なジャムシード王による平和な黄金時代が物語られますが、この王を倒して王位を奪った、イランに敵対する邪悪なアラブの蛇王ザッハークの悪行と悪政が語られています。これはなんとも奇怪な話ですが、これがやがて、悪神アハリマンに操られたこの悪逆非道の王を倒した英雄であり、イランに善政を敷き五百年もの王座にあって輝かしい治世をもたらしたという、名高いファリードゥーン王の物語を呼び起こします。この英雄的な王の息子である三人の王子たちへの「国分け」の物語、イエメンの王による娘である三人の王女たちのための「婿選び」の物語となると、もはや神話伝説の域を出て、おとぎ話めいた歴史伝承といってよいものになっています。イランの王位を継承した末の王子イーラジへの兄たちの嫉妬とその謀殺、それを知った老王ファリードゥーンのすさまじい怒りと悲嘆といった悲劇が、岡田先生の才筆によって生き生きと物語られていて、それがこのあまり神話らしからぬ話を迫力ある興味深いものにしています。兄たちに謀殺されたイーラジ王の孫であるマヌーチェフルによる勇壮な復讐譚、三人の息子たちを失うことになった老王の悲嘆をもってこの物語は幕を閉じ、やがて話は、英雄時代へと移ります。

本書の最後を飾っているのが、イランの生んだ名高い英雄であるザールとその子の英雄ロスタムの物語ですが、それは最後にはロスタムとその子ソフラーブとの父子と知らずしての一騎討と、その結果としてのソフラーブの死という悲惨な話で終わっています。ザールに関しては、勇将サームの子として白髪で生まれ、霊鳥によって育てられたというこの英雄とアラブの王女との恋物語が抒情性豊かに縷々語られていて、それがこの多くは輝かしい武勇譚で占められているペルシャ神話の後半部に華を添えており、読者のなかにはそこに心惹かれる人もいるでしょう。英雄ザールと恋が成就してその妃となったルーダーベとの間に生まれたのが、やがて父に勝るとも劣らぬ剛勇の士として数々の武勲を立て、天下にその名も隠れもなき英雄として知られることになるロスタムです。英雄譚の常として、ここでも英雄の試練が物語られ、悪鬼に捕らえられたイラン王の救出、白鬼退治などというような武勇譚が伝えられていて、英雄武勲譚とはいってもやはりおとぎ話的な神話の世界なのだと苦笑させられます。

　本書で物語られている最後の話が、ロスタムが若き日にサマンガーン国に赴いた折にその国の王女と結婚して生まれたソフラーブという、ごく年若い怪力無双の英雄と、その父ロスタムとが戦場で敵として相まみえ、最後は父がそれと知らずしてわが子を討ち取ってしまうという、悲劇そのものの出来事で、それと知った英雄ロスタムの悲痛な嘆きで物語は終わっています。私たち日本人はそこに、武士の習とはいえ、わが子と同い年ほどの平家の若武者平敦盛を討ち取ってしまった老武者熊谷直実の激しい後悔と嘆きにも似たものを見ることができます。

　善神と悪神の対立あり、奇怪邪悪な王あり、赫々たる武勇譚あり、王女と英雄の恋物語あり、栄光と悲惨あり、歓喜と悲嘆ありと、ペルシャ神話の世界はなかなかに多彩です。それを物語った本書は、私たちをしばし異界へと誘ってくれるのです。

　最後になりましたが、われわれ日本人にはなじみの薄いペルシャの神話の精髄と言える部分を、やさしく楽しく、またうるわしく語ってくださったのが、わが国におけるペルシャ古典文学研究の草分けのお一人であり、また現在この国におけるペルシャ文学研究の権威でもある岡田恵美子先生です。先生は若くしてイランの大学に学ばれ、イランを愛しまた知り尽くした方で、以前『イラン人の心』という名著でエッセイスト・クラブ賞を受賞された豊かな文才をお持ちでいらっしゃいます。その岡田先生が心を込めてやさしく物語ったこの『ペルシャの神話』は、きっとこの国でも多くの読者を魅了することでしょう。

（くつかけ・よしひこ　西洋古典文学／東京外国語大学名誉教授）

本書は、一九八二年八月、筑摩書房より「世界の神話」シリーズの一冊として刊行された。文庫化に際しては、一部のルビを割愛したほか、図版の差し替えを施した。

戦後日本漢字史　阿辻哲次

GHQの漢字仮名廃止案、常用漢字制定に至る制度的変遷、ワープロの登場。漢字はどのような議論や試行錯誤を経て、今日の使用へと至ったか。

現代小説作法　大岡昇平

西欧文学史に通暁し、自らの作品においては常に事物を明晰に観じ、描き続けた著者が、小説作法の要諦を論じ尽くした名著を再び。（中条省平）

折口信夫伝　岡野弘彦

古代人との魂の響き合いを悲劇的なまでに追求した人・折口信夫。敗戦後の思想まで、最後の弟子が師の内面を描く。追慕と鎮魂の念に満ちた傑作伝記。

日本文学史序説（上）　加藤周一

日本文学の特徴、その歴史的発展や固有の構造を浮き上がらせて、万葉の時代から源氏・今昔・能・狂言を経て、江戸時代の徂徠や俳諧まで。

日本文学史序説（下）　加藤周一

従来の文壇史やジャンル史などの枠組みを超えて、幅広い視座に立ち、江戸町人の時代から、国学や蘭学を経て、維新・明治、現代の大江まで。

村上春樹の短編を英語で読む1979〜2011（上）　加藤典洋

英訳された作品を糸口に村上春樹の短編世界を読み解き、その全体像を一望する画期的批評。村上の小説家としての「闘い」の様相をあざやかに描き出す。

村上春樹の短編を英語で読む1979〜2011（下）　加藤典洋

デタッチメントからコミットメントへ――。デビュー以来の80編におよぶ短編を丹念にたどることで浮かびあがる、村上の転回の意味とは？（松家仁之）

江戸奇談怪談集　須永朝彦編訳

江戸の書物に遺る夥しい奇談・怪談から選りすぐった百八十余篇を集成。端麗な現代語訳により、古の妖しく美しく怖ろしい世界が現代によみがえる。

王朝奇談集　須永朝彦編訳

『今昔物語集』『古事談』『古今著聞集』等の古典から稀代のアンソロジストが流麗な現代語訳で遺した82編。幻想とユーモアの玉手箱。（金沢英之）

江戸の想像力 田中優子

平賀源内と上田秋成という異質な個性を軸に、江戸18世紀の異文化受容の屈折したありようとダイナミックな近世の〈運動〉を描く。（松田修）

日本人の死生観 立川昭二

西行、兼好、芭蕉等代表的古典を読み、「死」の先達から「終(しま)い方」の極意を学ぶ指針の書。日本人の心性の基層とは何かを考える。（島内裕子）

鏡のテオーリア 多田智満子

天然の水鏡、銅鏡、ガラスの鏡——すべてを容れる鏡は古今東西の人間の心にどのような光と迷宮をもたらしたか。テオーリア（観照）はつづく。

魂の形について 多田智満子

鳥、蝶、蜜蜂などに託されてきた魂の形象。夢のようでありながら真実でもあるものに目を凝らし、想念を巡らせた詩人の代表的エッセイ。（金沢百枝）

頼山陽とその時代(上) 中村真一郎

江戸後期の歴史家・詩人頼山陽の生涯は、病による異変とともに始まった——。山陽や彼と交流のあった人々を活写し、漢詩文の魅力を伝える傑作評伝。

頼山陽とその時代(下) 中村真一郎

江戸の学者や山陽の弟子たちを眺めた後、畢生の書『日本外史』をはじめ、山陽の学藝を論じて大著は幕を閉じる。芸術選奨文部大臣賞受賞。（揖斐高）

定家明月記私抄 堀田善衞

美の使徒・藤原定家の厖大な日記『明月記』を読みとき、大乱世の相貌と詩人の実像を生き生きと描く名著。本篇は定家一九歳から四八歳までの記。

定家明月記私抄　続篇 堀田善衞

壮年期から、承久の乱を経て八〇歳の死まで。乱世を生きぬき宮廷文化最後の花を開いた藤原定家の人と時代を浮彫りにする。（井上ひさし）

都市空間のなかの文学 前田愛

鷗外や漱石などの文学作品と上海・東京などの都市空間——この二つのテクストの相関を鮮やかに捉えた近代文学研究の金字塔。（小森陽一）

古事談（上）　源顕兼編　伊東玉美校訂・訳

鎌倉時代前期に成立した説話集の傑作。空海、道長、西行、小野小町など、奈良時代から鎌倉時代にかけての歴史、文学、文化史上の著名人の逸話集成。

古事談（下）　源顕兼編　伊東玉美校訂・訳

代々の知識人が、歴史の副読本として活用してきた名著。各話の妙を、当時の価値観を復元して読み解く。現代語訳、注、評、人名索引を付した決定版。

古事記注釈　第四巻　西郷信綱

高天の原より天孫たる王が降り来り、天照大神は伊勢に鎮まる。王と山の神・海の神との聖婚から神武天皇が誕生し、かくて神代は終りを告げる。

風姿花伝　世阿弥　佐藤正英校注・訳

秘すれば花なり——。神・仏に出会う「花」（感動）をもたらすべく能を論じ、日本文化史上稀有な、奥行きの深い幽玄な思想を展開。世阿弥畢生の書。

不動智神妙録／太阿記／玲瓏集　沢庵宗彭　市川白弦訳・注・解説

日本三大兵法書の『不動智神妙録』とそれに連なる二作品を収録。沢庵から柳生宗矩に授けられ山岡鉄舟へと至る、剣と人間形成の極意。（佐藤錬太郎）

万葉の秀歌　中西進

万葉研究の第一人者が、珠玉の名歌を精選。宮廷の貴族から防人まで、あらゆる地域・階層の万葉人の心に寄り添いながら、味わい深く解説する。

日本神話の世界　中西進

記紀や風土記から出色の逸話をとりあげ、かつて息づいていた世界の捉え方、それを語る言葉を縦横に考察。神話を通して日本人の心の源にわけいる。

解説　徒然草　橋本武

『銀の匙』の授業で知られる伝説の国語教師が、「徒然草」より珠玉の断章を精選して解説。その授業実践が凝縮された大定番の古文入門書。（齋藤孝）

解説　百人一首　橋本武

灘校を東大合格者数一に導いた橋本武メソッドの源流と実践がすべてわかる！　名文を味わいつつ、語彙や歴史も学べる名参考書文庫化の第二弾！

儀礼の過程
ヴィクター・W・ターナー
冨倉光雄訳
社会集団内で宗教儀礼が果たす意味と機能を明らかにし、コムニタスという概念で歴史・社会・文化の諸現象の理解を試みた人類学の名著。（福島真人）

日本の神話
筑紫申真
八百万の神はもとは一つだった⁉ 天皇家統治のために創り上げられた記紀神話を、元の地方神話に解体すると、本当の神の姿が見えてくる。（金沢英之）

河童の日本史
中村禎里
ぬめり、水かき、悪戯にキュウリ。異色の生物学者が、時代ごと地域ごとの民間伝承や古典文献を精査。〈実証分析的〉妖怪学。（小松和彦）

病気と治療の文化人類学
波平恵美子
科学・産業が発達しようと避けられない病気に対し人間は様々な意味づけを行ってきた。「医療人類学」を切り拓いた著者による画期的著作。（浜田明範）

ヴードゥーの神々
ゾラ・ニール・ハーストン
常田景子訳
20世紀前半、黒人女性学者がカリブ海宗教研究の旅に出る。秘儀、愛の女神、ゾンビ――学術調査と口承文学を往還する異色の民族誌。（今福龍太）

子どもの文化人類学
原ひろ子
極北のインディアンたちは子育てを「あそび」とし、性別や血縁に関係なく楽しんだ。親子、子どもの姿をいきいきと豊かに描いた名著。（奥野克巳）

初版 金枝篇（上）
J・G・フレイザー
吉川信訳
人類の多様な宗教的想像力が生み出した多様な事例を収集し、その普遍的説明を試みた社会人類学最大の古典。膨大な註を含む初版の本邦初訳。

初版 金枝篇（下）
J・G・フレイザー
吉川信訳
なぜ祭司は前任者を殺さねばならないのか？ そして、殺す前になぜ〈黄金の枝〉を折り取るのか？ 事例の博捜の末、探索行は謎の核心に迫る。

火の起原の神話
J・G・フレイザー
青江舜二郎訳
人類はいかにして火を手に入れたのか。世界各地より夥しい神話や伝説を渉猟し、文明初期の人類の精神世界を探った名著。（前田耕作）

戦争の技術
ニッコロ・マキァヴェッリ
服部文彦訳
出版されるや否や各国語に翻訳された最強にして安全な軍隊の作り方。この理念により創設された新生フィレンツェ軍は一五〇九年、ピサを奪回する。

マクニール世界史講義
ウィリアム・H・マクニール
北川知子訳
ベストセラー『世界史』の著者が人類の歴史を読み解くための三つの視点を易しく語る白熱の入門講義。本物の歴史感覚を学べます。文庫オリジナル。

古代ローマ旅行ガイド
フィリップ・マティザック
安原和見訳
タイムスリップして古代ローマを訪れるなら？ そんな想定で作られた前代未聞のトラベル・ガイド。必見の名所・娯楽ほか情報満載。カラー頁多数。

古代アテネ旅行ガイド
フィリップ・マティザック
安原和見訳
古代ギリシャに旅行できるなら何を観て何を食べる？ そうだソクラテスにも会ってみよう！ 神殿等の名所・娯楽ほか現地情報満載。カラー図版多数。

古代ローマ帝国軍非公式マニュアル
フィリップ・マティザック
安原和見訳
帝国は諸君を必要としている！ ローマ軍兵士として必要な武器、戦闘訓練、敵の攻略法等々、超実践的な詳細ガイド。血沸き肉躍るカラー図版多数。

世界市場の形成
松井透
世界システム論のウォーラーステイン、グローバルヒストリーのポメランツに先んじて、各世界が接続される過程を描いた歴史的名著を文庫化。（秋田茂）

甘さと権力
シドニー・W・ミンツ
川北稔／和田光弘訳
砂糖は産業革命の原動力となり、その甘さは人々のアイデンティティや社会構造をも変えていった。モノから見る世界史の名著をついに文庫化。（川北稔）

スパイス戦争
ジャイルズ・ミルトン
松浦伶訳
大航海時代のインドネシア、バンダ諸島。欧州では黄金より高価な香辛料ナツメグを巡り、英・蘭の男たちが血みどろの戦いを繰り広げる。（松園伸）

メディアの生成
水越伸
無線コミュニケーションから、ラジオが登場する二〇世紀前半。その地殻変動はいかなるもので何を生みだしたかを捉え直す、メディア史の古典。

『歎異抄』講義
阿満利麿

参加者の質問に答えながら碩学が一字一句解説した『歎異抄』入門の決定版。読めばなぜ南無阿弥陀仏と称えるだけでいいのかが心底納得できる。

道元禅師の『典座教訓』を読む
秋月龍珉

「食」における禅の心とはなにか。道元が禅寺の食事係である典座の心構えを説いた一書を現代人の日常の視点で読み解き、禅の核心に迫る。（竹村牧男）

原典訳 アヴェスター
伊藤義教訳

ゾロアスター教の聖典『アヴェスター』から最重要部分を精選。原典から訳出した唯一の邦訳である。比較思想に欠かせない必携書。（前田耕作）

書き換えられた聖書
バート・D・アーマン
松田和也訳

キリスト教の正典、新約聖書。聖書研究の大家がそこに含まれる数々の改竄・誤謬を指摘し、書き換えられた背景とその原初の姿に迫る。（筒井賢治）

カトリックの信仰
岩下壮一

神の知恵への人間の参与とは何か。近代日本カトリシズムの指導者・岩下壮一が公教要理を詳説し、キリスト教の精髄を明かした名著。（稲垣良典）

十牛図
上田閑照
柳田聖山

禅の古典「十牛図」を手引きに、自己と他、自然と人間、自身への関わりを通し、真の自己への道を探る。現代語訳と詳注を併録。（西村惠信）

原典訳 ウパニシャッド
岩本裕編訳

インド思想の根幹であり後の思想の源ともなったウパニシャッド。本書では主要篇を抜粋、梵我一如、輪廻・業・解脱の思想を浮き彫りにする。（立川武蔵）

世界宗教史（全8巻）
ミルチア・エリアーデ

宗教現象の史的展開を膨大な資料を博捜し著された人類の壮大な精神史。エリアーデの遺志にそって共同執筆された諸地域の宗教の巻を含む。

世界宗教史1
ミルチア・エリアーデ
中村恭子訳

人類の原初の宗教的営みに始まり、メソポタミア、古代エジプト、インダス川流域、ヒッタイト、地中海地域、初期イスラエルの諸宗教を収める。

ほとけの姿 西村公朝

ほとけとは何か。どんな姿で何処にいるのか。千体を超す国宝仏の修復、仏像彫刻家、僧侶として活躍した著者ならではの絵解き仏教入門。（大成栄子）

選択本願念仏集 法然 石上善應訳・注・解説

全ての衆生を救わんと発願した法然は、ついに、念仏すれば必ず成仏できるという専修念仏を創造し、本書を著した。菩薩魂に貫かれた珠玉の書。

一百四十五箇条問答 法然 石上善應訳・解説

人々の信仰をめぐる百四十五の疑問に、法然が分かりやすい言葉で答えた問答集を、現代語訳して文庫化。これを読めば念仏と浄土仏教の要点がわかる。

龍樹の仏教 細川巌

第二の釈迦と讃えられながら自力での成仏を断念した龍樹は、誰もが仏になれる道の探求に打ち込んでいく。法然・親鸞を導いた究極の書。（柴田泰山）

阿含経典 1 増谷文雄編訳

ブッダ生前の声を伝える最古層の経典の集成。第1巻は、ブッダの悟りの内容を示す経典群、人間の肉体と精神を吟味した経典群を収録。（立川武蔵）

阿含経典 2 増谷文雄編訳

第2巻は、人間の認識（六処）の分析と、ブッダ最初の説法の記録である実践に関する経典群、祇園精舎を訪れた人々との問答などを収録。（佐々木閑）

阿含経典 3 増谷文雄編訳

第3巻は、仏教の根本思想を伝える初期仏伝資料と、ブッダ最後の伝道の旅、沙羅双樹のもとでの〈大いなる死〉の模様の記録などを収録。（下田正弘）

バガヴァッド・ギーターの世界 上村勝彦

宗派を超えて愛誦されてきたヒンドゥー教の最高経典が、仏教や日本の宗教文化、日本人の思考に与えた影響を明らかにする。（前川輝光）

邪教・立川流 真鍋俊照

女犯の教義と髑髏本尊の秘法のゆえに、徹底的に弾圧、邪教法門とされた真言立川流の原像を復元し、異貌のエソテリズムを考察する。貴重図版多数。

西洋古典学入門　久保正彰

古代ギリシア・ローマの作品を原本に近い形で復原すること。それが西洋古典学の使命である。ホメーロスなど、諸作品を紹介しつつ学問の営みを解説。

貞観政要　呉兢　守屋洋訳

大唐帝国の礎を築いた太宗が名臣たちと交わした政治問答集。編纂されて以来、帝王学の古典として屹立する。本書では、七十篇を精選・訳出。

初学者のための中国古典文献入門　坂出祥伸

文学、哲学、歴史等「中国学」を学ぶ時、必須となる古典の基礎知識。文献の体裁、版本の知識、図書分類他を丁寧に解説する。反切とは？　偽書とは？

詳講 漢詩入門　佐藤保

二千数百年の中国文学史の中でも高い地位を占める古典詩。その要点を、形式・テーマ・技巧等により系統だてて、初歩から分かりやすく詳しく学ぶ。

シュメール神話集成　杉勇　尾崎亨訳

「洪水伝説」「イナンナの冥界下り」など世界最古の神話・文学十六篇を収録。ほかでは読むことのできない貴重な原典資料。豊富な訳注・解説付き。

エジプト神話集成　杉勇　屋形禎亮訳

不死・永生を希求した古代エジプト人の遺した、ピラミッド壁面の銘文ほか、神への讃歌、予言、人生訓など重要文書約三十篇を収録。

宋名臣言行録　朱熹編　梅原郁編訳

北宋時代、総勢九十六名に及ぶ名臣たちの言動を大儒・朱熹が編纂。唐代の『貞観政要』と並ぶ帝王学の書であり、処世の範例集として今も示唆に富む。

資治通鑑　司馬光　田中謙二編訳

全二九四巻にもおよぶ膨大な歴史書『資治通鑑』のなかから、侯景の乱、安禄山の乱など名シーンを精選。破滅と欲望の交錯するドラマを流麗な訳文で。

十八史略　曾先之　今西凱夫訳　三上英司編訳

『史記』『漢書』『三国志』等、中国の十八の歴史書をまとめた『十八史略』から、故事成語、人物にまつわる名場面を各時代よりセレクト。（三上英司）

「論語」の話　吉川幸次郎

人間の可能性を信じ、前進するのを使命であると考えた孔子。その思想と人生を「論語」から読み解く中国文学の碩学による最高の入門書。

老子　福永光司訳

己の眼で見ているこの世界は虚像に過ぎない。自我を超えた「無為自然の道」を説く、東洋思想が生んだ画期的な一書を名訳で読む。（興膳宏）

荘子 内篇　福永光司 興膳宏訳

人間の醜さ、愚かさ、苦しさから鮮やかに決別する、古代中国が生んだ解脱の哲学三篇。中でも「内篇」は荘子の思想を最もよく伝える篇とされる。

荘子 外篇　福永光司 興膳宏訳

内篇で繰り広げられた荘子の思想を、説話・寓話のかたちでわかりやすく伝える外篇。独立した短篇集として読んでも面白い、文学性に富んだ十五篇。

荘子 雑篇　福永光司 興膳宏訳

荘子の思想をゆかいで痛快な言葉でつづった「雑篇」。日本でも古くから親しまれてきた「漁父篇」や「盗跖篇」など、娯楽度の高い長篇作品が収録されている。

墨子　森三樹三郎訳

諸子百家の時代、儒家に比肩する勢力となった学団・墨家。全人を公平に愛し侵攻戦争を認めない独特な思想を読みやすさ抜群の名訳で読む。（湯浅邦弘）

朝鮮民族を読み解く　古田博司

彼らに共通する思考行動様式とは何か。なぜ日本人はそれに違和感を覚えるのか。体験から説き明かす朝鮮文化理解のための入門書。（木村幹）

アレクサンドリア　E・M・フォースター 中野康司訳

二三〇〇年の歴史を持つ古都アレクサンドリア。この町に魅せられた作家による、地中海世界の楽しい歴史入門書。（前田耕作）

シャボテン幻想　龍膽寺雄

多肉植物への偏愛が横溢した愛好家垂涎のバイブル。異端作家が説く「荒涼の美学」は、日常に疲れた現代人をいまだ惹きつけてやまない。（田中美穂）

ちくま学芸文庫

ペルシャの神話《しんわ》

二〇二三年四月十日　第一刷発行

著　者　岡田恵美子（おかだ・えみこ）

発行者　喜入冬子

発行所　株式会社　筑摩書房

東京都台東区蔵前二―五―三　〒一一一―八七五五

電話番号　〇三―五六八七―二六〇一（代表）

装幀者　安野光雅

印刷所　中央精版印刷株式会社

製本所　中央精版印刷株式会社

ISBN978-4-480-51179-9 C0114